"中国式"分权的一个理论探索

——横向与纵向政府间财政互动及其经济后果

A New Exploration on China's Fiscal Decentralization: Horizontal and Vertical
Intergovernmental Fiscal Interactions and Their Economic Consequences

汤玉刚 著

经济管理出版社
ECONOMY & MANAGEMENT PUBLISHING HOUSE

图书在版编目（CIP）数据

"中国式"分权的一个理论探索/汤玉刚著. —北京：经济管理出版社，2012.10
ISBN 978-7-5096-2135-6

Ⅰ.①中… Ⅱ.①汤… Ⅲ.①财政分散制—研究—中国 Ⅳ.①F812.2

中国版本图书馆 CIP 数据核字（2012）第 240438 号

组稿编辑：宋　娜
责任编辑：魏晨红
责任印制：黄　铄
责任校对：超　凡

出版发行：经济管理出版社
　　　　（北京市海淀区北蜂窝 8 号中雅大厦 A 座 11 层　100038）
网　　　址：www. E-mp. com. cn
电　　　话：（010）51915602
印　　　刷：北京银祥印刷厂
经　　　销：新华书店
开　　　本：720mm×1000mm/16
印　　　张：13.5
字　　　数：188 千字
版　　　次：2012 年 12 月第 1 版　　2012 年 12 月第 1 次印刷
书　　　号：ISBN 978-7-5096-2135-6
定　　　价：58.00 元

编委会及编辑部成员名单

（一）编委会

序　一

博士后制度是 19 世纪下半叶首先在若干发达国家逐渐形成的一种培养高级优秀专业人才的制度，至今已有一百多年历史。

20 世纪 80 年代初，由著名物理学家李政道先生积极倡导，在邓小平同志大力支持下，中国开始酝酿实施博士后制度。1985 年，首批博士后研究人员进站。

中国的博士后制度最初仅覆盖了自然科学诸领域。经过若干年实践，为了适应国家加快改革开放和建设社会主义市场经济制度的需要，全国博士后管理委员会决定，将设站领域拓展至社会科学。1992 年，首批社会科学博士后人员进站，至今已整整 20 年。

20 世纪 90 年代初期，正是中国经济社会发展和改革开放突飞猛进之时。理论突破和实践跨越的双重需求，使中国的社会科学工作者们获得了前所未有的发展空间。毋庸讳言，与发达国家相比，中国的社会科学在理论体系、研究方法乃至研究手段上均存在较大的差距。正是这种差距，激励中国的社会科学界正视国外，大量引进，兼收并蓄，同时，不忘植根本土，深究国情，开拓创新，从而开创了中国社会科学发展历史上最为繁荣的时期。在短短 20 余年内，随着学术交流渠道的拓宽、交流方式的创新和交流频率的提高，中国的社会科学不仅基本完成了理论上从传统体制向社会主义市场经济体制的转换，而且在中国丰富实践的基础上展开了自己的伟大创造。中国的社会科学和社会科学工作者们在改革开放和现代化建设事业中发挥了不可替代的重要作用。在这个波澜壮阔的历史进程中，中国社会科学博士后制度功不可没。

值此中国实施社会科学博士后制度创设20周年之际，为了充分展示中国社会科学博士后的研究成果，推动中国社会科学博士后制度进一步发展，全国博士后管理委员会和中国社会科学院经反复磋商，并征求了多家设站单位的意见，决定推出《中国社会科学博士后文库》（以下简称《文库》）。作为一个集中、系统、全面展示社会科学领域博士后优秀成果的学术平台，《文库》将成为展示中国社会科学博士后学术风采、扩大博士后群体的学术影响力和社会影响力的园地，成为调动广大博士后科研人员的积极性和创造力的加速器，成为培养中国社会科学领域各学科领军人才的孵化器。

创新、影响和规范，是《文库》的基本追求。

我们提倡创新，首先就是要求，入选的著作应能提供经过严密论证的新结论，或者提供有助于对所述论题进一步深入研究的新材料、新方法和新思路。与当前社会上一些机构对学术成果的要求不同，我们不提倡在一部著作中提出多少观点，一般地，我们甚至也不追求观点之"新"。我们需要的是有翔实的资料支撑，经过科学论证，而且能够被证实或证伪的论点。对于那些缺少严格的前提设定，没有充分的资料支撑，缺乏合乎逻辑的推理过程，仅仅凭借少数来路模糊的资料和数据，便一下子导出几个很"强"的结论的论著，我们概不收录。因为，在我们看来，提出一种观点和论证一种观点相比较，后者可能更为重要：观点未经论证，至多只是天才的猜测；经过论证的观点，才能成为科学。

我们提倡创新，还表现在研究方法之新上。这里所说的方法，显然不是指那种在时下的课题论证书中常见的老调重弹，诸如"历史与逻辑并重"、"演绎与归纳统一"之类；也不是我们在很多论文中见到的那种敷衍塞责的表述，诸如"理论研究与实证分析的统一"等等。

我们所说的方法，就理论研究而论，指的是在某一研究领域中确定或建立基本事实以及这些事实之间关系的假设、模型、推论及其检验；就应用研究而言，则指的是根据某一理论假设，为了完成一个既定目标，所使用的具体模型、技术、工具或程序。众所周知，在方法上求新如同在理论上创新一样，殊非易事。因此，我们亦不强求提出全新的理论方法，我们的最低要求，是要按照现代社会科学的研究规范来展开研究并构造论著。

我们支持那些有影响力的著述入选。这里说的影响力，既包括学术影响力，也包括社会影响力和国际影响力。就学术影响力而言，入选的成果应达到公认的学科高水平，要在本学科领域得到学术界的普遍认可，还要经得起历史和时间的检验，若干年后仍然能够为学者引用或参考。就社会影响力而言，入选的成果应能向正在进行着的社会经济进程转化。哲学社会科学与自然科学一样，也有一个转化问题。其研究成果要向现实生产力转化，要向现实政策转化，要向和谐社会建设转化，要向文化产业转化，要向人才培养转化。就国际影响力而言，中国哲学社会科学要想发挥巨大影响，就要瞄准国际一流水平，站在学术高峰，为世界文明的发展作出贡献。

我们尊奉严谨治学、实事求是的学风。我们强调恪守学术规范，尊重知识产权，坚决抵制各种学术不端之风，自觉维护哲学社会科学工作者的良好形象。当此学术界世风日下之时，我们希望本《文库》能通过自己良好的学术形象，为整肃不良学风贡献力量。

李扬

中国社会科学院副院长

中国社会科学院博士后管理委员会主任

2012 年 9 月

序 二

在 21 世纪的全球化时代，人才已成为国家的核心竞争力之一。从人才培养和学科发展的历史来看，哲学社会科学的发展水平体现着一个国家或民族的思维能力、精神状况和文明素质。

培养优秀的哲学社会科学人才，是我国可持续发展战略的重要内容之一。哲学社会科学的人才队伍、科研能力和研究成果作为国家的"软实力"，在综合国力体系中占据越来越重要的地位。在全面建设小康社会、加快推进社会主义现代化、实现中华民族伟大复兴的历史进程中，哲学社会科学具有不可替代的重大作用。胡锦涛同志强调，一定要从党和国家事业发展全局的战略高度，把繁荣发展哲学社会科学作为一项重大而紧迫的战略任务切实抓紧抓好，推动我国哲学社会科学新的更大的发展，为中国特色社会主义事业提供强有力的思想保证、精神动力和智力支持。因此，国家与社会要实现可持续健康发展，必须切实重视哲学社会科学，"努力建设具有中国特色、中国风格、中国气派的哲学社会科学"，充分展示当代中国哲学社会科学的本土情怀与世界眼光，力争在当代世界思想与学术的舞台上赢得应有的尊严与地位。

在培养和造就哲学社会科学人才的战略与实践上，博士后制度发挥了重要作用。我国的博士后制度是在世界著名物理学家、诺贝尔奖获得者李政道先生的建议下，由邓小平同志亲自决策，经国务院批准于 1985 年开始实施的。这也是我国有计划、有目的地培养高层次青年人才的一项重要制度。二十多年来，在党中央、国务院的领导下，经过各方共同努力，我国已建立了科学、完备的博士后制度体系，同时，形成了培养和使用相结合，产学研相结合，政府调控和社会参与相结合，服务物质文明与精神文明建设的鲜明特色。通过实施博士后制度，我国培养了一支优秀的高素质哲学社会科学人才队伍。他们在科研机构或高等院校依托自身优势和兴趣，自主从事开拓性、创新性研究工作，从而具有宽广的学术视野、突出的研究能力和强烈的探索精神。其中，一些出站博士后已成为哲学社会科学领域的科研骨干和学术带头人，在"长江学者"、"新世纪百千万人才工程"等国家重大科研人才梯队中占据越来越大的比重。可以说，博士后制度已成为国家培养哲学社会科学拔尖人才的重要途径，而且为哲学社会科学的发展造就了一支新的生力军。

哲学社会科学领域部分博士后的优秀研究成果不仅具有重要的学术价值，而且具有解决当前社会问题的现实意义，但往往因为一些客观因素，这些成果不能尽快问世，不能发挥其应有的现实作用，着实令人痛惜。

可喜的是，今天我们在支持哲学社会科学领域博士后研究成果出版方面迈出了坚实的一步。全国博士后管理委员会与中国社会科学院共同设立了《中国社会科学博士后文库》，每年在全国范围内择优出版哲学社会科学博士后的科研成果，并为其提供出版资助。这一举措不仅在建立以质量为导向的人才培养机制上具有积极的示范作用，而且有益于提升博士后青年科研人才的学术地位，扩大其学术影响力和社会影响力，更有益于人才强国战略的实施。

今天，借《中国社会科学博士后文库》出版之际，我衷心地希望更多的人、更多的部门与机构能够了解和关心哲学社会科学领域博士后及其研究成果，积极支持博士后工作。可以预见，我国的博士后事业也将取得新的更大的发展。让我们携起手来，共同努力，推动实现社会主义现代化事业的可持续发展与中华民族的伟大复兴。

人力资源和社会保障部副部长

全国博士后管理委员会主任

2012 年 9 月

摘　要

　　本书提出了一个理解中国式财政分权的新框架，既有框架从"政治集中，经济分权"的中国特征出发，强调地方政府的财政激励和地方官员的政治晋升激励；本框架也是从"政治集中，经济分权"的特征出发，但强调威权政治约束下的上下级政府间纵向互动，并将之与地方同级政府之间的横向互动相结合，构成了一个纵横联动的二维财政分权体制空间。

　　我们通过三个情境系统地识别了这种纵横联动的二维财政分权体制。在税收增长情境下，地方政府间的横向竞争倾向于压低均衡的实际税率，而政府间的纵向竞争压力倾向于抬高均衡的实际税率，税收增长路径取决于两者的相对强弱。20世纪90年代中期以来，政府间纵向财政收入竞争诱发了税收征管效率的不断提高，抬高了实际均衡税率，导致持续多年的税收超经济增长，省级层面的相关数据支持这一理论推测。在"省直管县"体制改革情境下，县与市在"财政地理空间"内横向竞争，在"财政权力空间"和"行政权力空间"内纵向互动。是"市刮县"还是"市带县"？众说纷纭，实难分辨。我们以浙江省（典型的财政"省直管县"）与江苏省（2007年之前是典型的财政"市管县"）为例，发展了一个识别县市财政互动关系的比较财政体制实证分析框架，为当前正在全面推进的财政"省直管县"体制改革提供了一个基本的事前判断和事后评估工具。在乡镇层面的税权交易情境下，以税收指标任务为媒介的上下级政府纵向竞争诱发了基层政府之间的"地下"合作行为：税权交易。交易双方的福利因此得以改进，同时，税收负担的地理分布和两级政府间的实际分权程度都发生改变。税收制度不规范内生税收计划控制，而税收计划控制内生"税权交易"。

探索二维政府间财政互动关系的意义不仅在于对财政现象本身的解释，而且是理解20世纪90年代以来中国社会经济发展模式的一个有力工具。在此框架下，"低"社会发展与"高"经济增长现象可以同时得到较好的理解。首先，我们继续探索了21世纪以来备受关注的"低"社会发展侧面——公共支出结构偏差问题。在比较了多种理论假说的基础上，我们从政府间横向竞争和纵向财政互动的角度解释了系统性偏差的根源。其次，中国式分权下的土地财政模式进入了我们的理论视野。20世纪90年代的国企改制是我国经济发展史上的一个重要里程碑，是政府与企业关系的一次根本调整，我们在国企改制的"政府间横向竞争论"、"政府间纵向竞争论"的基础上增加了"土地财政论"，指出了土地升值促进国企改制的内在机制。地方政府控制土地配置权与土地要素市场化是土地财政形成的必要条件，而政府间财政竞争，尤其是20世纪90年代中期之后的纵向财政收入竞争催生了土地财政的成型。无独有偶，土地财政在我国基础设施建设中发挥了超常作用。政府间横向竞争创造了强大的基础设施需要，而基础设施供给面的融资模式创新则使需要成为现实的需求。供给面的融资模式创新体现为"土地出让金效应"和"捆绑BOT效应"，而后者恰恰解释了2009年之后浮出水面的地方政府融资平台运作机理。从基础设施建设模式可见中国经济增长模式利弊得失之一斑。

作为结尾，在上述被反复运用的理论框架下，我们简要讨论了一些未尽的重要议题，包括区域市场分割和整合的逻辑，土地财政模式的宏观经济效应以及"螺旋式"财政——金融风险的累积和防治。这些重要而有趣的议题值得后续的思考和探索。

关键词：政府间财政互动　省直管县　税权交易　土地财政　经济发展模式

Abstract

This study puts forward a new framework for understanding China's fiscal decentralization. Based on the well-known institutional facts of "political centralization, economic decentralization", existing literatures have focused on fiscal incentives of local governments and political incentives of local officials. Our framework also originates from the above basic facts. However, it focuses more on the intergovernmental horizontal and vertical interactions constrained by political or administrative authority, which induces China's particular two-dimensional fiscal system.

We offer three scenarios to identify the interactive two-dimensional fiscal system. First, in the case of China's tax growth, the real tax rate goes down when horizontal competition intensifies, and goes up when vertical competition intensifies. Vertical fiscal revenue competition from the mid 1990s has stimulated local governments and tax collection agencies to better their tax administration, which increased the real tax rate and has led to the well-known myth of persistent tax growth in China. Second, in the case of "county directly governed by province" reform, the county and municipality interact in the fiscal geography space, the fiscal rights space, and the administrative power space. It's very difficult to tell whether municipality snatches resources from counties or not. A comparative positive framework has been developed to identify the relationship between the municipality and the counties governed, which offers a tool for the prior examination and post evaluation of the reform. Third, in the case of tax rights trade among towns and villages, tax collection targets act as a vertical competition device, which causes cooperation among grass –root governments. Welfare of both parties is improved, though the geography of tax burden and the real extent of decentralization change. Tax collection targeting is endogenized by the informal tax collection system, which then leads to tax rights trade.

The two–dimensional intergovernmental interaction mechanism provides not only a satisfactory explanation for Chinese special fiscal phenomenon, but also a strong analyzing tool to understand Chinese economic development model since 1990s. In such a theoretical framework, underdevelopment in social affairs and high economic growth can be understood simultaneously. Following the above framework, firstly, the study continues to examine the bias of China's public spending, which has been a hot topic since the beginning of 21st Century. Origins of the systematic bias are explored in our framework. Secondly, China's decentralized land finance model draws our attention. The allocation rights of land use by local governments and the marketization of land factor have composed the necessary conditions for Chinese local land finance, while the vertical fiscal revenue competition finally prompted the formation of its land finance model. Examples are given to illustrate the role of land finance in the process of economic development. The small and medium SOEs' privatization process is also explained by an integrated theory including horizontal competition, vertical competition and local land finance. SOEs' reform is not the only example, in the development of public infrastructures, land finance played a distinguished role too. Intergovernmental horizontal competition creates strong needs for infrastructures, while local financing innovations make it feasible. The granted land use rights revenue effect and binding BOT effect are explored respectively, which shed light on China's growth model.

Finally, in the above theoretical framework which has been employed repeatedly, we discuss some promising topics briefly, including the logic of segmentation and integration of regional economies, the macroeconomic effect of land finance and the hidden fiscal and financial risks. These important and interesting topics are worthy of succeeding reflections and explorations.

Key Words: Fiscal Interaction; Tax Rights Trade; County Directly Governed by Province; Land Finance; Development Model

目　录

Contents

第一章 导 论

第一节 问题的提出

自 20 世纪 90 年代中期以来，国内经济学界掀起了一股研究财政分权的热潮。在中国知识资源总库（CNKI）经济管理论文数据库中检索关键词"财政分权"，可以发现 1995~2000 年有 22 条检索结果，2001~2006 年的检索结果增加到 208 条，而 2007~2010 年的检索结果就有 722 条。为什么中国的财政分权引起了越来越多的理论关注？任何经验科学都是受现象驱动的。我们看到，当今中国，新现象层出不穷，理论研究者应接不暇。一方面我国经济增长的高速度让世界羡慕不已；另一方面国内积累的经济和社会结构性问题却有增无减。一方面国家总体财政能力日益增强；另一方面基层政府财政却危机四伏等。这些是意味着中国社会经济发展正在经历着"成长中的烦恼"，还是预示着一场深刻社会经济危机的最终到来？奇迹和危机往往仅一步之遥。敏感的理论家早已开始探寻中国经济悖论式奇迹的根源。在这场探寻中，中国的分权化改革，尤其是财政分权改革成为一个重要的理论焦点。

当前，更多的研究是将财政分权与宏观经济的某一侧面相结合，例如，财政分权与经济增长的关系研究、财政分权与区域经济发展的研究、财政分权与政府治理的研究、财政分权与金融发展的研究等。本书则关注一个更基础的"元问题"：中国的财政分权体制是什么？当然，对财政分权体制的分析离不开一定的背景，共性的东西需要在一个特定的"故事"中反复识别并提炼。20 世纪 90 年代，Weingast（1995）、Qian 和 Weingast（1997）、Qian 和 Roland（1998）等人提出了"保护市场的联邦主义"（Market-preserving Federalism），并用该理论解释了改革开放后中国分散竞争的财政体制起到了推动国企改革、增进市场功能的作用。该理论被称为第二代财政联邦主义，因其强调地方政府财政激励在经济发展中的作用而有别于关注公共物品提供和政府间职能—税权配置的第一代财政联邦主义理论（Oates，2005）。需要注意的是，两代理论都十分强调地方政府间横向竞争的作用，其中第一代理论中以 Tiebout（1956）模型为代表。但是，国际经验，尤其是中国和俄罗斯的发展经验表明，仅有横向竞争的财政分权体制并不一定带来良好的经济发展绩效。于是，Blanchard 和 Sheleifer（2000）将中国的政治集中和经济分权直观地结合在了一起，这就初步形成了所谓的"中国式分权"理论原型。他们认为，中国之所以较俄罗斯更为成功，是因为在经济分权的同时，维持了政治上的集中和中央奖惩地方官员的能力。自然地，上级政府对下级官员的政绩考核被引入政府间横向竞争的分析中，并将对竞争的理解由绝对引向了相对，政治晋升锦标赛和标尺竞争的理论模型被引入"中国式分权"的内涵（周黎安，2004、2007；王世磊和张军，2008 等）。

由此，理论的焦点从政府竞争转到了官员激励，然而，我们认为这种转向对认识中国的分权体制而言很可能得不偿失。因为，对官员财政和政治激励的过度关注容易使我们落入机制设计的细节之中，机制设计面对的是一个概率分布明确的已知世界。而经济发展的实践，包括 30 多年来中国经济改革的经验说明，我们面对的是一个未知世界，我们不知道未来会发生什么，只能尝试着逐渐释放曾经长期受抑制的"自发秩序"，然后小心翼翼地"摸着石头过河"，让市场和社会通过分散的个体或组织竞争性地配置资源实现新秩序的重塑。对稀缺资源的竞争性配置乃是市场和社会有效运转的重要机制之一。这也是（各级）政府配置公共资源的效率法则。行为人，包括官员所面对的多维激励是重要的，但我们却难以准确预测作为"客观"激励的"主观"反应到底是什么。从根本上来说，激励的显著性来源于竞争，如生存竞争使经济激励变得显著，官员升迁竞争使政治激励显著。因此，本书的重心不在于解析多维的激励，而在于分析使财政激励和政治晋升激励变得显著的政府间互动（竞争）机制。

严格地说，政府间财政互动包括地方政府之间的横向互动和不同层级政府之间的纵向互动，而且，无论是横向互动还是纵向互动，都包括竞争关系和协调关系。其中横向的竞争关系和纵向的协调关系因其比较直观而受到理论界的广泛关注，而横向的协调关系和纵向的竞争关系因其比较隐蔽而往往被忽视。本书所关注的政府间财政互动主要是政府间横向和纵向竞争关系，之所以如此是因为横向协调和纵向协调总体而言是对竞争关系不良后果的事后修补，只有弄清楚政府间竞争的过程、机制和利弊得失，减少竞争本身可能造成的效率损失，才能降低协调的成本，提高协调的有效性。因此，本书更多地关注竞争关系，尽管对政府间协调关系的研究同样重要。

然而，对我国政治集中体制的机械认识往往促使人们相信政府间基本不存在纵向的竞争关系。事实如何呢？财政学界在关于财政体制，尤其是财权、事权、财力关系的讨论中已经触及了一种政府间纵向竞争关系。例如，刘尚希（2007）曾经指出，在现行政治框架下，上级控制下级，下级服从上级。延伸到财权划分上，层级高的政府处于优势，而层级低的政府处于劣势。上级政府出于本级财政利益的考虑，自然会把较大的税种、有增长潜力的税种划归本级政府，而把小税种或增长潜力不大的税种划归下一级政府。这个例子就说明，在中国当前的政治经济框架下，实际的财政分权（本例中是收入分权）更大程度上是"竞争出来"的，这种竞争是纵向的。而内生的纵向竞争反过来影响地方政府之间的横向竞争关系，因为纵向竞争的结果决定了地方政府之间横向上如何竞争、竞争什么以及竞争的激烈程度。所以，我们认为竞争关系不仅存在于横向地方政府间，而且也存在于纵向层级间，尤其是省级以下。纵向竞争不仅是存在的，而且是重要的，我们似乎可以称其为纵向"软竞争"，因为这是一种基于行政权威的非对称竞争，面对来自上级政府的竞争（如向上集中收入、向下下放责任），下级政府无法直接对抗，只能通过上级政府意料之外的"创新"（这里是个中性词）来化解这种竞争压力。当处于经济转型和经济发展的初级阶段时，各种不规范的制度事实上为地方政府提供了一定的"创新空间"以应对来自上级权威的竞争，例如，本书所涉及的税收征管空间、土地财政都在一定的时期成为地方"财政创新"的土壤。但是，随着经济发展和内生的制度改进，上级政府对下级政府的规制越来越规范化，"创新空间"也就越来越小，下级政府的行为就会发生变异，这种趋势在某些落后地区的基层政府已经显现，值得警惕。发达地区处于纵向竞争序列上的基层政府仍然可暂时享受"创新空间"提供的租金，如各地方政府对土地财政的依赖因纵向财政竞争而加剧，但这种依赖隐藏着巨大的财政、金融风险，其趋势更值得理论者和实践家关注。

至此，我们认为一个完整的中国式分权图景已经被勾勒出来。在政府间横向竞争和纵向竞争的二维分析框架下，不仅能解释中国经济高速增长的"奇迹"，同时也能说明财政体制失衡造成的基层财政困局以及某些日益凸显的隐藏风险。如果说政府间纵向财政竞争在中国经济发展的起飞阶段具有鼓励基层政府"创新"、促进市场经济发育的积极作用，那么随着制度创新频率的下降和经济社会发展进入稳态阶段，政府间纵向财政关系将由强竞争、弱协调逐渐演变为弱竞争、强协调，最终，基于效率原则的纵向分工模式将被制度化，制度化的纵向分工将最大程度地消除纵向竞争产生的效率损失，并实现纵向协调成本的最小化。

第二节 研究思路

我们将首先通过具体的情境来揭示政府间纵向竞争是存在的，然后尝试着分析纵向竞争机制是如何与横向竞争机制一起来驱动资源配置过程的。我们通过以下三个情境来识别政府间纵向竞争。

第一个情境是税收竞争和税收增长。第二章我们利用一个修正的标准新古典税收竞争模型，同时包含政府间横向和纵向财政竞争，来解释我国持续多年的税收超经济增长现象。1994 年，分税制改革后的财政收入集中化和中央主导的地方财政规范化进程加剧了政府间的纵向财政竞争，这种竞争对地方政府产生了持续的财政收支压力。[1] 由于政府间横向竞争倾向于压低实际税率，而纵向竞争倾向于抬高实际税率，横向竞争占优则实际税率走低；反之，纵向竞争占优则实际税率走高。这为被一些学者称为"税收超经济增长之谜"的命题提供了一个逻辑自洽的理论解释。当然，这种解释是建立在中国税收制度从相对不规范（如所谓的税率设定"宽打窄用"）到相对规范的历史背景之上的，所以名义税率与实际税率存在一个逐渐收敛的过程，纵向财政竞争压力内生的税收征管效率提高助推了这一进程。我们利用 1999~

---

[1] 竞争压力的产生与形成竞争的动机没有关系，比如中央向上集中收入可能出于"仁慈"动机——平衡地区差距、提供全国性公共品，也可能出于"掠夺"动机。

2007 年的省级税收数据进行实证检验，得出了支持上述理论假说的结论。第一个情境实际上是以省与中央的纵向关系以及省际之间的横向关系为理论建模和实证分析背景的。

第二个情境则进入市—县的层面。第三章首先对当前广为关注的"省直管县"体制改革的来龙去脉给出一个理论解说，此项改革所涉及的不仅仅是一个财政或政府层级选择的问题，它将从根本上改变省以下政府之间的纵向和横向竞争关系。然后，我们以浙江和江苏两省为例进行省以下财政体制的比较实证研究。浙江省是典型的"省直管县"体制，而江苏省直至 2007 年仍然是典型的"市管县"体制，这种鲜明的体制差异为我们识别和比较县—市层面的纵向和横向竞争关系提供了绝好的样本。在第三章我们提出了财政地理空间、财政权利空间和行政权力空间的概念，并在这三维空间中发展出了一个基本的政府间税收互动实证分析框架，这一框架可以用来识别特定省份的县市关系，判断是"市刮县"还是"市带县"，从而为如何推进"省直管县"体制改革提供较为可靠的参考依据。

第三个情境则进入了乡镇层面，这是真正的基层政府。"上面千头线，下面一根针"，中国社会经济的结构性问题往往都最终累积、传导到了基层政府身上，因此有必要关注县域乡镇层面的纵向和横向竞争关系。第四章关注的侧面仍然在税收领域：税权交易。税权交易是压力型体制下政府间纵向财政竞争的结果，不同于经典的纵向税收竞争理论，这里，以税收计划指标为依托的纵向税收竞争诱发了地区之间横向的非正式税收合作——税权交易，这种合作改善了地方政府与上级政府的税收竞争地位，并使税权交易双方的福利同时得到了改进。由于跨区/跨时税权交易的存在，使得名义收入分权指标与实际收入分权程度发生背离。鉴于乡镇层面统计数据的匮乏，我们尚无法通过经验数据来检验税权交易的理论推论。

我们认为以上三个情境的讨论为政府间纵向财政竞争的存在提供

了较为坚实的经验基础，并初步勾勒出了一个纵横互动的"中国式"财政分权框架。探索二维政府间财政互动关系的意义不仅在于对财政现象本身的解释，而且是理解 20 世纪 90 年代以来中国社会经济发展模式的一个有力工具。在此框架下，"低"社会发展与"高"经济增长现象可以同时得到较好的理解。接下来我们将运用这一理论框架讨论"中国式"分权的社会经济后果。

第五章，我们继续探索了 20 世纪初以来备受关注的"低"社会发展侧面——公共支出结构偏差问题。本章考察了系统性偏差形成的五种基本模型：政府竞争模型、集权分权模型、收入分割模型、财政道德风险模型和政治经济模型。在比较了这些理论假说的基础上，我们从政府间横向竞争和纵向财政互动的角度解释了系统性偏差的根源，由此得出健全地方财政体系、消除系统性结构偏差的相关政策建议，并提出了城市化导向的基本公共服务"后均等化"战略。

第六章，试图利用"中国式"分权的理论框架对 20 世纪 90 年代中期以来我国中小国有企业民营化浪潮的发生机制提供一个整合的理论和实证解释。国企改制的实证经济学模型指出了政府财政或政治动机的重要性。本章在此基础上提出正式财政制度下财政竞争压力导致国企改制的两种微观机制：政府间横向和纵向财政竞争。财政压力只是企业改制的必要条件，以土地为工具的非正式财政则使国企改制成为可能。市场化进程中，土地是国有企业有形资产中唯一不断升值的资产，但只有在产权交易中才能实现其价值。当土地价格升值足以弥补企业改制所产生的社会负外部性时，国企产权改革大规模展开。90年代末以来的省级面板数据支持纵向财政竞争压力说和土地升值论。本章为理解经济发展过程中的经济改革实现机制提供了一个生动案例。

政府间财政竞争和地方政府土地财政的作用不仅表现在国有企业改革上，还表现在经济发展的很多层面，基础设施建设就是一个很好的例子。第七章我们以基础设施建设，尤其是以高速公路发展建设的经验为例来解释土地财政融资方式创新的重要经济含义。既有的文献大多聚焦于政府间横向竞争，包括晋升锦标赛竞争创造了强大的基础设施投资需要，但忽略了供给能力的分析，而政府间纵向财政竞争诱发的土地融资方式创新使政府的基础设施供给能力迅猛提高。我们将分析基础设施供给的土地出让金效应和"捆绑 BOT 效应"，在地方政府正式融资体系之内，土地出让金在政府与居民之间的收入分配决定了最优的基础设施"政府"投资规模；在政府与市场之间，捆绑式 BOT 合约的实质是以策略性土地协议出让作为社会资金投资基础设施领域的激励手段，被捆绑的土地协议出让价格与土地价格增值预期共同决定了社会资金投资基础设施建设的激励大小。初步的实证检验提供了支持上述理论推测的某些证据。

作为本书的结论和展望，第八章在上述被反复运用的理论框架下，我们简要讨论了一些未尽的重要议题，包括区域市场分割和整合的逻辑，土地财政模式的宏观经济效应以及"螺旋式"财政—金融风险的累积和防治。这些重要而有趣的议题值得后续的思考和探索。

第三节　理论和现实意义

本书的理论意义体现在环环相扣的三个方面：

（1）为实证（财政）分权理论的发展提供了一个生动的中国案例。现实中的财政分权体制不是最优制度设计的产物，而是政府间竞争的结果，这种竞争包括同级政府之间的横向竞争以及不同层级政府之间的纵向竞争。横向竞争既有增进效率的一面，也有损害效率的一面，正如"政治锦标赛"理论所阐述的那样。纵向竞争既有"掠夺性"的一面，也有促进创新、增进效率的一面，正如本书前后两大部分所描绘的那样。

（2）为"中国式"分权理论的发展明确提出了另外一条思路。政治集中与经济分权的结合被认为是"中国式"分权的典型特征，"晋升锦标赛"理论沿着这一纽结向"左"走，走向了政治集中下的官员激励机制设计。本书沿着这一纽结向"右"走，走向了政治集中下的政府间纵向竞争（策略性互动）、政府层级改革和以土地财政为核心的地方经济发展模式创新，走向了有制衡的分权。随着经济发展和制度完善，政府间纵向财政关系将由强竞争、弱协调逐渐演变为弱竞争、强协调，最终，基于效率原则的纵向分工模式将被制度化，制度化的纵向分工将最大程度地消除纵向竞争产生的效率损失，并实现纵向协调成本的最小化。

（3）缺失了政府间纵向互动维度的分权理论是"有偏差的"，从而也就无法准确判断横向分权竞争的种种经济效果，并误导了分权、财政竞争相关经验研究的技术设定，即实证上的重要变量遗漏。本书提供的整合的分权理论分析框架试图弥补这一缺陷，并在相关实证检验中初步尝试了这一理论改进所带来的后果。

本书的现实意义在于：

（1）为理解我国 20 世纪 90 年代中期以来的税收超经济增长现象提供了一个理论框架，从这一框架出发，也可推演出税收超经济增长的内在约束机制和潜在风险。税收制度不断规范化意味着"宽打窄用"制度背景下的实际税率不断走高，经济运行的税收负担趋增。未来 10 年，中国经济增长速度将不可避免地趋于回落，伴随着经济增速减缓和经济结构优化，全面和结构性的减税将成为必然趋势。

（2）"省直管县"体制改革实际上就是政府间纵向互动关系的一次大调整，本书为评估部分省份"省直管县"体制改革的必要性和迫切性，或者评估已改革省份"省直管县"体制改革的效果，提供了一个理论和实证检验框架。在行政体制未变的情况下，"财政省直管县"改革先行可能会挫伤"市带县"的财政激励，在一定程度上鼓励了地市级政府的机会主义倾向，应引起足够重视。

（3）本书为理解地方政府支出结构系统性偏差的成因提供了一个观察视角。指出，横向政府竞争本身并不制造扭曲性的公共支出结构偏差，扭曲往往来自于缺乏约束的政府目标函数以及歧视性的人口流动政策。扭曲还来自于"柔性"分权体制下地方政府与中央政府的策略性互动。政策上应强调改善地方政治治理，而非抑制政府间横向竞争，应重视基于效率原则的政府间纵向分工体系建设，而非在酥软的沙滩上构建"父爱主义"式的转移支付体系。

（4）本书为理解土地财政的功过是非提供了一个视角。土地财政与20世纪90年代的国有企业改制以及稍晚些时候的基础设施投资高潮密切相关，这是导致改革开放的第二个阶段（90年代中期至今）经济高速增长的主要动力机制，也是未来金融、财政风险暴露和宏观经济不稳定的可能导火索。

第四节　创新和不足

本书的主要创新点有：

（1）在政府间横向竞争和纵向竞争的二维空间中解释了我国10多年的税收持续超经济增长现象，在其他条件（如名义税率、产业结构等）不变的情况下，横向和纵向竞争的相对强弱变化决定宏观税负的变化路径。

（2）在政府间横向和纵向互动的两维空间内解释了"省直管县"（财政/行政）体制改革的原因和效果，并利用浙江和江苏两省省以下的县市级数据建立了一个可拓展的实证分析框架，这一框架有助于识别不同的县市关系（是"市刮县"还是"市带县"），从而为正在全面展开的"省直管县"财政体制改革提供决策依据。

（3）基于在中国某些基层乡镇观察到的"税权交易"现象，利用本书报告建立的财政体制分析框架，从理论上解释了"税权交易"的发生机制和经济后果。乡镇间的"税权交易"是政府间纵向税收竞争（通过自上而下的税收计划指标分派）的结果。"税权交易"的存在改变了基层政府之间的横向关系和纵向关系，改变了税负的空间地理分布和财政层级分布。

（4）从政府间横向和纵向财政互动的视角澄清了造成地方政府支出结构系统性偏差的根源：地方政治治理不完善下的政府间横向竞争和"柔性"分权体制下政府间纵向策略性财政互动导致的道德风险。完善地方政治治理、促进有效竞争、健全制度化的政府间纵向分工体系是消除系统性偏差的长远之策和治本之策。

（5）基于20世纪90年代中期之后的国有企业改制浪潮，从政府间关系的角度，本书在既有的横向财政竞争决定论和纵向财政竞争决定论的基础上，引入了土地财政决定论，指出分税制改革导致纵向财政竞争突然加剧，诱发了地方政府的土地财政创新，这一创新有力地推动了作为"甩包袱"过程的中小国有企业破产、改制。

（6）土地财政同样也是理解最近十几年我国基础设施超常发展的关键。政府间的横向（FDI）竞争创造了对基础设施的强大需要，而地方政府对土地财政的巧妙运用则大大增强了基础设施的供给能力。"土地出让金收入效应"和"捆绑BOT效应"不仅为我们理解基础设施的超常发展提供了新视角，而且也为理解20世纪90年代中期之后的中国经济高速增长提供了某些洞见。

追求完美无止境，而时不我待。就在本书计划层层展开之际，相关专著也如雨后春笋般地出现，如刘剑雄（2009）的专著《财政分权、政府竞争与政府治理》、冯兴元（2010）的专著《地方政府竞争：理论范式、分析框架与实证研究》、傅勇（2010）的专著《中国式分权与地方政府行为：探寻转变发展模式的制度性框架》等。希望本书的正确之处能够对推动这一方向的研究做出一些新贡献，同时，但愿本书的偏颇乃至可能的错误之处能够激发出新的思想火花。尽管本人已尽力使自己的想法得以清晰和深入的表达，但受到学识和时间两方面的制约，本书仍然存在很多不足，希望今后能够在进一步的研究、探索中改进并拓展。

首先，在思想求新和技术求精这对权衡之间，我们力求讲出生动的"故事"，而运用尽量简单，甚至是不太严格的技术工具。如果"故事"的逻辑是正确的，下一步技术的改进才是有价值的。

其次，该项研究到此为止，意犹未尽，政府间纵向财政竞争诱发的土地财政效应已写出两章，但"好戏"似乎还在后面。例如，地方政府对土地财政（非贸易部门）的依赖改变了源自于贸易部门的地方保护主义倾向，从而将土地财政的兴起与国内经济一体化的进程联系在一起。再如，分权化土地财政的宏观经济效应也是一个非常重要的议题。

最后，该项研究更大程度上是对既成事实的经济学"解释"，而相对缺乏规范经济学意义上的政策设计以及对未来的理论预测。事实上，对"中国式"分权模式下可能产生的重大问题做一些大胆的推论将是非常有意义的，比如地方政府土地财政模式的归宿，又如，由经济发展到经济社会和谐发展的目标转换中，分权模式会发生哪些可能的制度性变革等。下一步，拓展项目的研究要在实证分析的基础上走向更全面的规范性政策设计。

第二章 政府间财政互动与税收超经济增长

第一节 引 言

对分权体制及其效率的研究主要集中于两个维度：政府间横向关系和纵向关系。对横向关系的辨识主要着眼于竞争关系，如基于要素流动性的蒂布模型（Tiebout，1956）、基于要素非流动性但信息可比性的标尺竞争模型（Besley 和 Case，1995），以及针对不同竞争目标的税收竞争模型（Wilson，1999）、公共投入竞争模型（Bucovetsky，2005）、社会福利竞争模型（Brown 和 Oates，1987）；对纵向关系的辨识在实证分析和规范分析之间产生了较大分歧，实证分析强调政府间纵向关系的竞争性（Breton，1996），而规范分析则强调政府间纵向关系的协调性（Musgrave，1959；Oates，1972），如解决横向竞争产生的外部性以及地区间收入再分配。本章试图以中国的财政分权体制为背景，在一个同时包含了政府间横向和纵向关系的框架内，解释税收增长的机制，尤其是近十多年来税收持续超经济增长的机制及其内在制约。同时，这一工作为理解中国式分权提供了一个有益的视角。

1995~2008 年，我国名义国内生产总值增长了近 4 倍，而同期国家各项税收却增长了近 8 倍,这是为什么?我们从竞争性财政体制的角度给出一个答案。本章的逻辑直觉如下:在不考虑政府间转移支付的情况下,税收增长路径决定于横向税收竞争与纵向税收竞争的相对强弱变化,横向竞争倾向于压低实际税率,而纵向竞争倾向于抬高实际税率("公共鱼塘"效应)。若横向效应大于纵向效应,则实际税率走低;反之,若横向效应小于纵向效应,则实际税率走高。因此,税收增长路径在分权体制的纵横关系变迁中被内生决定。本章的任务在于以简单的模型证明这种逻辑直觉在中国式分权背景下的正确性,试图从税收竞争的角度发掘出中国式分权与西方财政联邦主义的不同之处及其效率和社会福利含义,并在高度抽象的层面讨论中国当前分税—分权体制改革的原则和方向。

改革开放以来,尤其是 20 世纪 80 年代早期"利改税"以来,中国的宏观税负经历了一个先下降后上升的过程,这一趋势不因宏观税负指标的选择而改变(见图 2-1)。众所周知,宏观税负从"降"到"升"的转折点是 90 年代中期的分税制改革。因此,从直觉上来看,近十几年的税收超经济增长似乎与分税制有着密切的联系。崔兴芳、樊勇、吕冰洋(2006)指出,1994 年分税制改革建立了中央和地方关于财政收入分权的长期契约,而这种契约对税收增收的激励作用明显,促使税务机关不断增强征管力度。[①] 这种观点强调制度稳定性或作为一种有效承诺机制的分税制对政府税收征管努力的正向激励,我们称为"制度论"。对税收超经济增长的另一支研究将分税制作为隐含的制度背景,试图从非制度因素中寻找答案,我们称为"非制度论"。例如,贾康、刘尚希、吴晓娟、史兴旺(2002)将导致税收快速增长的因素

---

① 郭庆旺、吕冰洋(2006)进一步在合约理论的分析框架下讨论了分税制这一制度变革对税收增长的影响机制。他们得出,近十多年来我国税收高速增长的根本原因在于分税制总体上实行的是中央政府和地方政府分占所有权与比例分成的结合,它改变了财政收入包干体制下的定额分成合同和比例分成合同形式,增强了中央政府和地方政府的税收激励,使得税收的组织效率大大提高,由此带来税收收入连年超常增长。

分解为三个：①"自然性增长"因素。这是与税制无关，而且也与税收管理构架无关的纯经济因素，在假定税收制度不变、管理力度不变的条件下由经济增长所引致的税收增加。②"管理性增长"因素。这是指在假定税收制度不变、经济规模不变的条件下，由于税收征管力度加大而带来的税收增长。③"政策性增长"因素。这主要是指以前出台的各种优惠政策到期、恢复征税而带来的税收增长。他们认为税收的快速增长，主要来自加强征管和许多一次性因素的作用，并无制度性增税因素。进一步，谢旭人（2006）将税收超 GDP 增长的原因归结为经济与税收增长统计口径的差异（价格调整问题）、GDP 结构与税收结构的差异、进出口对经济增长与税收增长影响的差异以及征管力度的加强。

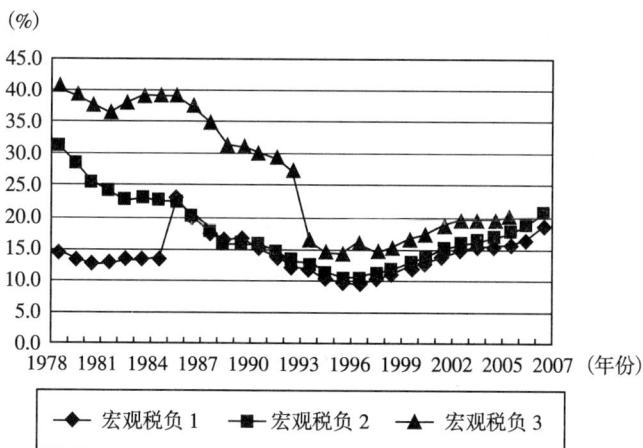

图 2-1 改革开放以来不同口径宏观税负比较（1978~2007 年）

注：宏观税负 1 = 税收收入 ÷ GDP；宏观税负 2 = 预算内财政收入 ÷ GDP；宏观税负 3 =（预算内财政收入 + 预算外财政收入）÷ GDP。其中宏观税负 3 的计算时间跨度为 1978~2006 年。

资料来源：根据《中国统计摘要 2008》和《中国财政年鉴 2007》相关数据计算得出。

"制度论"和"非制度论"的交集在于税收征管效率，但"制度论"中的征管效率提高是由稳定性的分权契约关系内生的，而"非制度论"中的征管效率提高是外生给定的。我们认为，税收征管效率是理解实际税率或者实际宏观税负变化的关键，但这里的"征管效率"一词不应仅被理解为技术或管理上的，在中国，地方政府可以在很大程度上控制的税收优惠是决定征管效率的最主要因素，只有在这个意义上，征管效率才可能成为政府间竞争的策略变量。[①] 同时，我们认为征管效率在很大程度上是在现有的分税制制度框架下被内生决定的，但分税制本身（稳定的分权契约安排）并不能解释征管效率的不断提高和由此导致的税收持续超经济增长，要找到答案，就要将观察视角深入到分税制下的政府竞争微观机制，包括地方政府之间的横向竞争和中央—地方之间的纵向竞争机制，并通过竞争均衡的比较静态分析得出税收增长路径。

事实上，20 世纪 90 年代中期以来，不是分权契约的稳定性，而是分权契约的不稳定性或者说是分权关系的动态演化，通过政府间横向和纵向竞争的微观机制，导致了近十几年税收持续超经济增长的现象。具体而言，这种分权关系的动态演化体现在中央不断向上集中财权的种种举措，而财权的向上集中改变了政府间税收竞争均衡的状态。1994 年分税制改革本身就是最典型的一次向上集中财权，不过这次改革是按照"存量不动，增量调节"的渐进式原则推行的，原属地方支柱财源的"两税"，划作中央收入或共享收入后，采取了税收返还的形式，确保地方既得利益不受影响，按实施分税制后地方净上划中央的数额（增值税 75%部分+消费税 – 中央下划收入），确定中央对地方的税收返还基数。[②] 税收返还的存在导致共享税中央—地方的实际分享比率有一个渐进上升的过程，直至收敛于法定名义分享比率。2002 年，企业所得税和个人所得税被设定为共享税，仍然采取增量分享原则，中央—地方分享比例是 50：50，2003 年这两个税种的增量分享比

---

① 如果"征管效率"仅被视为一个技术和管理问题，那么在国税局和地税局分别征税，且主要是国税局负责共享税征收的情况下，地方政府的行为动机很难与共享税的征管效率联系在一起。只有引入地方政府招商引资中具有一定控制权的税收优惠，才能将征管效率与地方政府间竞争以及中央—地方间竞争联系在一起。

② 这一安排导致 1993 年地方财政收入出现了超常增长，当年财政收入增长率大都在 30%以上，超过 40%的有 13 个省区，最高的青海省 1993 年比 1992 年增长了 163.8%（卢洪友，1998）。

例提高为 60：40，同样，增量分享的改革策略使得这两个税种的实际总量分享比例有一个渐次提高并趋于收敛的过程。图 2-2 中分别以收入和支出衡量的分权指标走势的差异（1994 年前后），实际上就反映了以收入方面的增量改革确保各级政府支出连续性的策略。

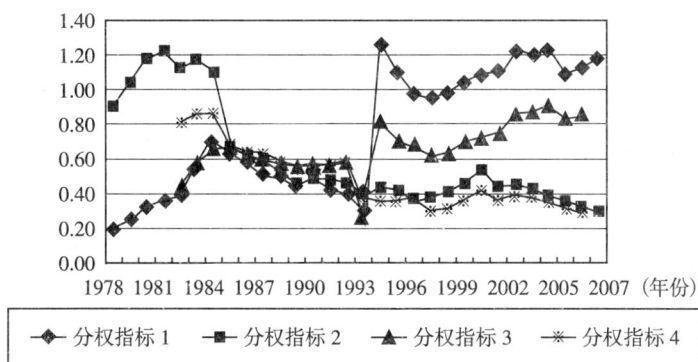

图 2-2　改革开放以来不同口径分权指标比较（1978~2007 年）

注：分权指标 1＝中央预算内财政收入÷地方预算内财政收入；分权指标 2＝中央预算内财政支出÷地方预算内财政支出；分权指标 3＝中央预算内外财政收入÷地方预算内外财政收入；分权指标 4＝中央预算内外财政支出÷地方预算内外财政支出。其中，分权指标 3 和分权指标 4 的计算时间跨度为 1982~2006 年。

资料来源：根据《中国统计摘要 2008》和《中国财政年鉴 2007》相关数据计算得出。

不仅税收分享比例的变化会影响均衡的征管效率，进而是均衡的实际税率的位置，而且财政收入规范化进程也对其均衡结果产生影响。中央政府对地方政府各种税费收入等预算外收入的规范化，降低了地方政府提取租金的能力，或者说提高了地方政府提取租金的成本，影响到地方政府的自有财力，进而间接影响到在共享税征管上的努力程度和均衡的征管效率。地方政府财政规范化的进程可以用图 2-3 中的指标来大致度量，除去 1993 年这一特殊年份，分税制改革前后比较，总体上财政规范化的进程是明显的。我们认为中央政府的规制是影响地方财政规范化的重要因素。

本章试图将上述提到的重要因素融入一个逻辑自洽的政府间税收竞争模型之中，来解释税收增长的路径，尤其是分税制改革以来税收持续超经济增长的机制。

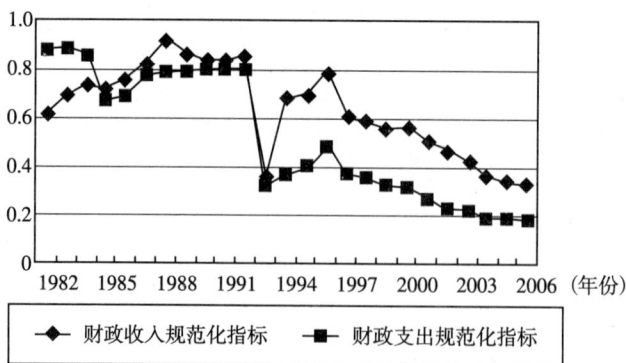

图2-3 地方政府财政收入/支出规范化指标（1982~2006年）

注：财政收入规范化指标=地方预算外财政收入÷地方预算内财政收入；财政支出规范化指标=地方预算外财政支出÷地方预算内财政支出。1993年指标陡然下降，是地方政府为在分税制的税收返还中增加返还基数造成的。

资料来源：根据《中国统计摘要2008》和《中国财政年鉴2007》相关数据计算得出。

第二节　政治生态、政府竞争与税收决定

民主政治和财政联邦制下，实际均衡税率是在政府竞争机制中实现的，而政府竞争的机制又可分解为横向竞争和纵向竞争。横向竞争倾向于压低实际均衡税率，无论是重视规范性税收竞争分析的公共财政理论（Zodrow和Mieszkowski，1986；Wilson，1986），还是重视实证税收竞争分析的公共选择理论（Brennan和Buchanan，1980），这一判断不存在差异，尽管他们对横向税收竞争的社会福利判断正好相反。[①] 纵向竞争倾向于抬高实际均衡税率，这类似于"公共鱼塘"效应，中央和地方政府面对共同的税基，往往导致对税基的过度"开发"，从而抬升了实际均衡税率（Flowers，1988；Johnson，1988、1991；Keen，

[①] 规范的税收竞争理论认为税收竞争使均衡税率低于社会最优，从而降低社会福利，而实证税收竞争理论认为税收竞争约束了"利维坦"的收入最大化行为，有利于提高社会福利。

1998）。按此逻辑，税收增长的路径将被横向竞争和纵向竞争所产生的对冲性效应所决定，如果横向效应占主导，则实际税率走低；如果纵向效应占主导，则实际税率走高。在分权制度较完善的发达国家，基于中央—地方税基共享、税率分设的实际，上述税收竞争机制是通过税率调整来实现的。对于政府间横向税收竞争的理论和实证研究较多，但对纵向税收竞争机制的理论研究较少（如 Breton，1996；Keen，1998；Keen 和 Kotsogiannis，2002）。实证方面，Hayashi 和 Boadway（1997）利用加拿大企业所得税的案例检验了联邦税率与省税率之间的互动关系，他们发现两者负相关。而 Besley 和 Rosen（1998）则利用了美国香烟和汽油消费税的例子说明了在控制住一系列经济和人口变量之后，联邦税率与州税率之间显著正相关。Devereux 等（2007）同样也利用美国香烟和汽油消费税的例子，不同的是，他们同时考虑了州际的横向税收竞争和州与联邦之间的纵向税收竞争，他们发现，对于需求弹性较低、跨州采购成本较低的商品（香烟）而言，横向税收竞争是显著的，纵向税收竞争不显著；而对于需求弹性较大、跨州采购成本较高的商品（汽油）而言，横向税收竞争不显著，联邦与州的税率却显著正相关。这方面的实证研究较少，而且以案例型的国别研究为主。造成这一局面的原因在于，横向竞争更容易被一般经济学理论模型化，也就是说这种竞争更类似于商品和要素市场上的竞争，是"硬"的竞争。而纵向竞争要比横向竞争复杂得多，因为它涉及多级政府之间的竞争，上级政府与下级政府之间的关系因国家的政体组织方式而异，联邦制国家不同层级政府之间的关系含有更多的竞争成分，而单一制国家中则含有更多的协调和权威。

对于像中国这样的威权政治生态下的分权体制而言，税收立法权和税率制定权基本上在中央，只有税收征管权在地方或者中央派出的税收征管机构，因此，政府间税收竞争不是通过税率调整而是通过广义征管效率①的调整来实现的。本章的分析将表明，威权体制下，正是资源配置的分权化（包括中央与地方政府之间、地方政府各层级之间以及政府与企业之间的分权化）为政府间横向和纵向竞争提供了必要条件，同时，也正是政治和行政管理上的集权化导致了政府间竞争的"变异"，尤其是政府间纵向竞争的"变异"。在经济分权—政治分权的民主政治（地方官员对本地选民负责，而非受命于上级政府）制度框架中，政府间的纵向关系在很大程度上近似于市场交易主体之间的竞争关系，当涉及纵向关系的政策设计时，下级政府作为本地居民的代言人，与上级政府展开针锋相对的讨价还价，我们认为这种类似于市场竞争的政府间纵向竞争关系是"硬"的。然而，在威权体制所决定的经济分权—政治集权的中国式分权制度框架下，下级政府官员受上级政府的任命和考核，即上级政府对下级政府具有可置信的行政性权威，当政府间发生自上而下的竞争时，下级政府一般不会针对相关变量与上级政府展开针锋相对的"硬"竞争，以此形成均衡，而是通过"创新"来弥补来自权威竞争的损失。这种"创新"包括两大类：①下级政府将来自上级政府的竞争压力转向更下一级政府，或直接转向社会。②下级政府在上级政府的竞争压力下被迫进行体制和制度创新，获取创新收益，来弥补来自上级政府竞争所产生的损失。现实中，两种"创新"都存在，并且越是上级政府越倾向于采取第一类"创新"，越是基层政府越倾向于采取第二种"创新"。在威权体制内的纵向竞争机制驱动下，中国式分权下的政府间关系便进入了一个纵向竞争→下级政府创新→上级政府规范化→下级政府再创新的制度化演进路径。在本书中，我们关注税收增长问题，并将共享税征管效率的提

---

① 广义征管效率不同于纯粹技术上的狭义税收征管效率，地方政府对资源和税收的行政性垄断竞争决定了广义征管效率，包括地方层面的税收优惠、减免、返还，税收制度越是不规范，地方政府控制广义征管效率的空间就越大。征税机关的分设（国税和地税）虽然减弱了地方政府的税收控制，但不能从根本上消除，国税系统寄身于地方，迫于税收竞争压力，妥协往往是更好的选择。

高视为地方政府应对上级政府税收竞争的一种"创新"策略，即当下级政府面对来自于上级政府的税收竞争（如上收财权、规范收入等）时，下级政府往往不是就税收分成之类的指标与上级政府"硬"竞争，而是通过提高征管效率等"创新"手段来弥补自上而下税收竞争的损失。

总结如下：威权政治下的政府间收入竞争效应包括两部分。第一部分是地方政府间的横向竞争效应，地方政府为吸引外部资源，非合作博弈的结果是竞相给出优惠，压低实际均衡税率。第二部分是上下级政府间的纵向竞争效应，上级政府向上集中财权或规范地方收入的举动迫使下级政府展开财政收入创新，其中均衡税收征管效率的提高就是一例，这导致了税收收入的增长。因此，在其他条件不变的情况下，税收增长路径决定于以上两种竞争效应的相对大小。当然，财政创新不仅体现在征管效率上，而且还体现在当前广受关注的"土地财政"模式上。所以，在税收增长的实证检验框架内还必须控制住"土地财政"因素。

第三节　均衡与比较静态

我们的理论模型建立在 Keen 和 Kotsogiannis（2002）之上，但他们的模型刻画的是美国式的财政分权体制下政府间税收竞争的机制，我们将其作为识别中国式分权体制下税收竞争特征的参照系。

美国式财政联邦制的典型特征是联邦和地方政府各自拥有独立的税权，因此，无论是横向税收竞争还是纵向税收竞争，税率都是竞争的策略性变量。而在我国的分税制情形下，税率是中央政府统一设定的，不可能作为政府间竞争的工具。主要税种都是在中央和地方之间分成的，因此，可将整个税制抽象为一个税收比例分成体制。将这种情景用数学化的语言来描述。全国统一的法定名义税率为 T，税收在中央和地方之间分成，设中央分成比例为 α，则中央和地方的名义税率分别为 αT 和 $(1-\alpha)T$。假定全国存在 N 个相同的地区，第 j 个地区的产出函数为 $F(K_j)$，一般地，$F'(K_j) > 0$，$F''(K_j) < 0$，并且假定资本在地区间无成本流动，税后净收益率为 ρ。横向竞争是通过税收征管效率来实现的，各地区税收征管效率 $\chi_j \in (0, 1]$，注意这里的税收征管效率是广义的，影响这一征管效率的因素不仅包括税收管理等技术层面的因素，而且还包括税收征收主观努力程度以及各地区形式不同的税收减免和优惠措施（合法或不合法），后者是决定税收征管效率的重要因素。因此，广义上的税收征管效率可以在很大程度上被视为地方政府的可控变量，故而成为竞争的策略性变量。横向竞争倾向于压低各地区税收征管效率，从而使均衡的征管效率低于社会最优水平。

资本流动使资本的税后净收益率在地区间均等化，即 $F'(K_j) = \rho + T\chi_j$，这隐含着 $K_j = K(\rho + T\chi_j)$，$K_j' = 1/F_j'' < 0$。地方政府除了与中央进行税收分成之外，还从地方经济中提取租金，可以将其理解为我国地方政府的预算外收入。地方经济的租金为 $\prod \equiv F(K_j) - F'(K_j)K_j$，$\prod' = -K_j$，设地方政府提取租金的比例为 $\theta \in [0, 1]$，中央政府不提取租金。[①] 中央政府对地方预算外财政收入的规范化会影响 θ，θ 越大，说明地方政府提取租金或预算外收入的能力越强；相反，中央政府的规制能力越强，θ 越小。那么，这就会引发中央和地方之间的纵向竞争，若 θ 降低，则地方政府将不得不通过提高税收征管效率来获取共享收入，弥补纵向竞争的收入损失。由于税率共享，分成比例不变，地方政府的征管努力同时增加了中央政府的税收收入。我们称这种纵向竞争为规制诱发型纵向税收竞争。

---

① 当然也可以假定中央和地方政府分享租金，这不会影响本章的基本结论，就我国实行分税制以来预算外收入的构成来看，中央相对于地方的预算外收入是越来越少。

中央地方税收分成比例 α 的变化也会引发纵向的税收关系变化。如果税收的中央分成比例 α 被提高，地方财力受削弱，预算外收入既定的情况下，地方政府的税收征管效率会提高，并且这种税收努力在弥补地方政府财力的同时也提高了中央政府的税收收入。我们称这种纵向竞争为分成引致型纵向税收竞争。

经济转型期，经济的结构性变动巨大且频繁，税率设定上具有典型的"宽打窄用"特征。如高培勇（2006）指出中国税务机关的"征管空间"巨大，中国现行税制在其孕育和诞生之时，预留了很大的"征管空间"，从而也为法定税负水平和实际税负水平之间的巨大反差埋下了伏笔。于是，税收信息化建设每前进一步，税收征管水平每提升一分，税收收入便可相应增长一块。没有"征管空间"的存在、没有地方政府之间对税收减免或优惠的行政性垄断竞争，本章的逻辑就无法展开。

我们将把前述想法模型化，尤其关注中央—地方税收分成比例以及财政收入规范化进程这些制度变量对均衡征管效率，进而对实际宏观税负的影响。由此，一个动态的税收增长路径得以刻画。[1]同时，精确的数理关系推导还揭示了影响税收增长路径的其他关键因素，或者说揭示了前述直觉和语言逻辑成立的必要条件。

首先来刻画代表性消费者（均省略地区下标）的行为。设代表性消费者的初始禀赋为 e，生命为两期：第一期进行私人消费和储蓄；第二期将所有储蓄和租金收入（在地方政府提取租金之后）全部消费。消费者的效用函数可以描述为：

$$U(C_1, C_2, g, G) = u(C_1) + C_2 + \Gamma(g, G) \tag{2-1}$$

其中，g 表示地方性公共品；G 表示全国性公共品。

储蓄函数是税后净收益率 ρ 的增函数，$S = S(\rho)$，$S' > 0$。

---

[1] 第二节我们已经说明了中国式分权背景下税收竞争的典型特征，基于此，我们将改造 Keen、Kotsogiannis（2002）的模型，使之符合我国的特定情形。同时，本章关注的问题，即税收增长路径也决定了我们将对不同的变量进行讨论。

由此，消费者的间接效用函数为：

$$U(\rho, T, \chi, g, G) \equiv u[e - S(\rho)] + (1 + \rho)S(\rho) +$$

$$(1 - \theta)\prod(\rho + T\chi) + \Gamma(g, G) \qquad (2-2)$$

最优储蓄选择：$U_s = -u' + 1 + \rho = 0$ 即 $u' = 1 + \rho$

假定全国性公共品 G 不可分，

$$G = \sum_{i=1}^{N} \alpha T\chi_i K(\rho + T\chi_i) \qquad (2-3)$$

地方性公共品：

$$g_j = (1 - \alpha)T\chi_j K(\rho + T\chi_j) + \theta\Pi(\rho + T\chi_j) \qquad (2-4)$$

由于假定资本在各地区之间无成本自由流动，均衡的资本税后净收益率由均衡的实际税率决定：

$$\rho = \rho(\tau) = \rho(T\chi_1, T\chi_2, \cdots, T\chi_n)$$

由市场出清条件 $NS(\rho) = \sum_{i=1}^{N} K(\rho + \chi_i T)$，两边对 χ_j 微分，

$$NS' \frac{\partial\rho}{\partial\chi_j} = K'T + K'\frac{\partial\rho}{\partial\chi_j} + \sum_{i \neq j}^{N} K'\frac{\partial\rho}{\partial\chi_j} = K'T + \sum_{i=1}^{N} K'\frac{\partial\rho}{\partial\chi_j}$$

$$\frac{\partial\rho}{\partial\chi_j} = \frac{K'T}{Ns' - \sum_{i=1}^{N} K'} \qquad (2-5)$$

对称均衡情形下 $\chi_j = \chi^*$，设 $p(\tau) = \rho(T\chi^*, T\chi^*, \cdots, T\chi^*)$

此时 $S(p) = K(p + \chi^* T)$

两边对 χ^* 微分，$S'p'T = K'(T + p'T)$

$$p' = \frac{K'}{S' - K'} \in [-1, 0) \qquad (2-6)$$

p' 表示资本净收益率对实际税率的敏感程度，其大小取决于储蓄和投资的利率敏感性。

对照式（2-5）和式（2-6），$p' = \frac{N}{T}\frac{\partial\rho}{\partial\chi_j}$

地区 j 中代表性居民的社会福利函数：

$$W_j(T, \chi_j, \alpha, \theta) \equiv U_j(\rho, T, \chi_j, g_j, G) = u(e - S(\rho)) + (1 + \rho)S(\rho)$$

$$+ (1 - \theta)\prod(\rho + T\chi_j) + \Gamma(g_j, G)$$

对 χ_j 微分,

$$\frac{\partial W_j}{\partial \chi_j} = -u'S'\frac{\partial \rho}{\partial \chi_j} + S'\frac{\partial \rho}{\partial \chi_j} + S\frac{\partial \rho}{\partial \chi_j} + \rho S'\frac{\partial \rho}{\partial \chi_j} + (1 - \theta)\prod{}'(\frac{\partial \rho}{\partial \chi_j} + T)$$

$$+ \Gamma_g\frac{\partial g}{\partial \chi_j} + \Gamma_G\frac{\partial G}{\partial \chi_j}$$

代入 $u' = 1 + \rho$, $\prod{}' = -K_j$ 两式,

$$\frac{\partial W_j}{\partial \chi_j} = S\frac{\partial \rho}{\partial \chi_j} - (1 - \theta)K(\frac{\partial \rho}{\partial \chi_j} + T) + \Gamma_g\frac{\partial g}{\partial \chi_j} + \Gamma_G\frac{\partial G}{\partial \chi_j} \qquad (2-7)$$

由式 (2-3) 和式 (2-4) 得,

$$\frac{\partial g}{\partial \chi_j} = \left[(1 - \alpha)TK_j + (1 - \alpha)\chi_j K'_j T^2 - \theta TK_j\right] +$$

$$\left[(1 - \alpha)\chi_j K'_j T - \theta K_j\right]\frac{\partial \rho}{\partial \chi_j} \qquad (2-8)$$

$$\frac{\partial G}{\partial \chi_j} = \alpha TK_j + \alpha T^2\chi_j K'_j + \sum_{i=1}^{N}\alpha T\chi_i K'_i\frac{\partial \rho}{\partial \chi_j} \qquad (2-9)$$

取对称均衡点,

$$\frac{\partial W}{\partial \chi^*} = \frac{T}{N}\theta Kp' - (1 - \theta)KT + \Gamma_g\frac{\partial g}{\partial \chi^*} + \Gamma_G\frac{\partial G}{\partial \chi^*} \qquad (2-10)$$

其中,

$$\frac{\partial g}{\partial \chi^*} = (1 - \alpha - \theta)TK - \frac{T}{N}\theta Kp' + (1 - \alpha)K'T(T + \frac{T}{N}p')\chi^*$$

$$\frac{\partial G}{\partial \chi^*} = \alpha TK + \alpha TK'(T + Tp')\chi^*$$

代入式 (2-10) 并令等式为零,

$$\frac{T}{N}\theta Kp' - (1 - \theta)KT + \Gamma_g\left[(1 - \alpha - \theta)TK - \frac{T}{N}\theta Kp' +\right.$$

$$\left.(1 - \alpha)K'T(T + \frac{T}{N}p')\chi^*\right] + \Gamma_G\left[\alpha TK + \alpha TK'(T + Tp')\chi^*\right] = 0$$

$$(2-11)$$

或者,

$$\frac{1}{N}\theta Kp' - (1-\theta)K + \Gamma_g\left[(1-\alpha-\theta)K - \frac{1}{N}\theta Kp' + \right.$$

$$\left. (1-\alpha)K'T(1+\frac{1}{N}p')\chi^*\right] + \Gamma_G[\alpha K + \alpha TK'(1+p')\chi^*] = 0$$

找到了中国式分权分税体制下均衡征管效率的表达式,下面我们考察税收征管效率与地方政府租金提取比例 θ、共享税中央分成比例 α 的关系。技术上,对式(2-11)作比较静态分析。

(1)考察 χ^* 与 θ 的关系。

将式(2-11)变形为,

$$K(1-\Gamma_g)(\frac{1}{N}p'+1)\theta = A - B\chi^* \tag{2-12}$$

其中,$A = K - (1-\alpha)\Gamma_g k - \Gamma_G\alpha K$,$B = \Gamma_g(1-\alpha)K'T(1+\frac{1}{N}p') + \Gamma_G\alpha TK'(1+p')$。

由于 $p' \in [-1,0)$,式(2-12)左边 $(\frac{1}{N}p'+1) > 0$,因此,等式左边系数的符号取决于 Γ_g 的大小;等式右边,考察 B 的符号,由于 $K' < 0$,$\Gamma_g > 0$,$\Gamma_G > 0$,$(\frac{1}{N}p'+1) > 0$,$(1+p') > 0$,故 $B < 0$。

因此,有以下命题:

若 $\Gamma_g > 1$,则 $\frac{\partial\chi^*}{\partial\theta} < 0$,即如果地方公共品产生的边际效用大于私人品消费的边际效用(本章中为1),则降低地方政府提取租金的能力,税收征管效率得到内生性提高,宏观税负提高;若 $0 < \Gamma_g < 1$,则 $\frac{\partial\chi^*}{\partial\theta} > 0$,即如果地方公共品供给相对于私人品消费是过量的,地方政府租金提取能力的下降反而也带来税收征管效率的下降,也就是说,社会收入分配从政府部门向民间部门的转移是增进社会福利的,较低的均衡征管效率或较低的实际税率将被以社会福利最大化为目标的政府所采纳。

随着我国市场化进程的推进，政府职能在转变，地方政府支出尤其是预算内支出的公共品属性越来越强，$\Gamma_g > 1$ 这种假定更加符合当前的事实。如图 2-3 所示，20 世纪 90 年代中期以来财政收入规范化的进程非常明显，地方政府的预算外收入受到越来越严格的控制。与这种规范化相伴随的是税收征管效率和实际均衡税率的提高。这样，我们清楚地刻画出了税收增长的第一条路径：以预算外财政收入治理为衡量指标的财政收入规范化程度每提高一步，实际均衡税率就因征管效率的改善而有所提高，有限的征管空间也相应缩小。

（2）考察 χ^* 与 α 的关系。

由式（2-11）得出：

$$\chi^* = -\frac{K}{K'T} \frac{(1-\Gamma_g)(\frac{1}{N}\theta p' + \theta - 1) + \alpha(\Gamma_G - \Gamma_g)}{(1-\alpha)(1+\frac{1}{N}p')\Gamma_g + \alpha\Gamma_G(1+p')}$$

令分母 $(1-\alpha)(1+\frac{1}{N}p')\Gamma_g + \alpha\Gamma_G(1+p') = A$

分子 $(1-\Gamma_g)(\frac{1}{N}\theta p' + \theta - 1) + \alpha(\Gamma_G - \Gamma_g) = B$

$$\frac{\partial\chi^*}{\partial\alpha} = -\frac{K}{K'T} \frac{(\Gamma_G - \Gamma_g)A - B[\Gamma_G(1+p') - \Gamma_g(1+\frac{1}{N}p')]}{A^2}$$

令 $C = (\Gamma_G - \Gamma_g)A - B[\Gamma_G(1+p) - \Gamma_g(1+\frac{1}{N}p')]$，将 A、B 代入化简得

$$C = (\Gamma_G - \Gamma_g)(1+\frac{1}{N}p')\Gamma_g - (1-\Gamma_g)[\theta(1+\frac{1}{N}p') - 1]$$

$$[\Gamma_G(1+p') - \Gamma_G(1+\frac{1}{N}p')]$$

当 $N \to \infty$，即在地方政府的数目很多的情况下，

$$C \approx (\Gamma_G - \Gamma_g)\Gamma_g - (1-\Gamma_g)[\theta - 1][\Gamma_G(1+p') - \Gamma_g]$$

$$= [\underset{>0}{\underline{(1+p')\Gamma_G - \Gamma_g}}]\underset{>0}{\underline{(1-\theta+\theta\Gamma_G)}} - \underset{<0}{\underline{\Gamma_g\Gamma_G p'}}$$

故 C 的符号取决于 $(1 + p')\Gamma_G - \Gamma_g$ 的符号，即取决于中央、地方公共品边际效用的相对大小，以及 p' 的大小，而 $p' = \dfrac{K'}{S' - K'} = \dfrac{1}{\dfrac{S'}{K'} - 1} \in$

$[-1, 0)$，其大小取决于储蓄和投资的相对利率敏感程度。因此，有如下命题：[①]

若 $(1 + p')\Gamma_G - \Gamma_g > 0$，则 C 取正号，$\dfrac{\partial \chi^*}{\partial \alpha} > 0$，中央提高税收分成比例将导致税收征管效率的内生提高。若 $p' = -1$，即储蓄的利率敏感性相对于投资的利率敏感性很小，C 简化为 $(1 - \theta)\Gamma_g(\Gamma_G - 1)$，那么当 $\Gamma_G > 1$ 时，全国性公共品的边际效用大于私人消费品的边际效用，从而 $C > 0$，$\dfrac{\partial \chi^*}{\partial \alpha} > 0$，中央提高税收分成比例将导致税收征管效率的内生提高；当 $\Gamma_G < 1$ 时，全国性公共品供给过量，其边际效用小于私人消费品的边际效用，从而 $C < 0$，$\dfrac{\partial \chi^*}{\partial \alpha} < 0$，中央提高税收分成比例反而将导致税收征管效率的降低。若储蓄相对于投资的利率敏感程度很大，$p' \to 0$，且 $\Gamma_G > \Gamma_g$，即全国性公共品的边际效用大于地方性公共品的边际效用，则 C 肯定取正号，此时 $\dfrac{\partial \chi^*}{\partial \alpha} > 0$，中央提高税收分成比例将导致税收征管效率的内生提高。

从图 2-2 我们就可以看出，20 世纪 90 年代中期以来中央—地方税收的分成比例有一个逐渐提高的趋势，通过以上证明我们发现，中央—地方税收分成比例 α 的提高并不必然导致共享税征管效率的提高，这是前面的语言逻辑所无法展示的。只有当储蓄和投资的相对敏感性，地方公共物品、全国公共物品和私人消费品的相对边际效用满足某种条件的时候，中央—地方税收分成比例 α 的提高才会引发共享税征管效率的提高，从而导致税收的超经济增长和宏观税负的提高。

---

① 由于函数设定和数学原因，本命题无法穷尽所有的情形，所以只给出了具有某些典型特征的结果。

第四节　税收增长的福利效应

我们仍然考察对称均衡的情形，在对称均衡点处，代表性居民的社会福利函数表示为：

$$W(T, \chi^*, \alpha, \theta) \equiv U(p, T, \chi^*, g, G) = u[e - S(p)] + (1 + p) S(p)$$
$$+ (1 - \theta)\prod(p + T\chi^*) + \Gamma(g, G)$$

从均衡点出发，一个协调性的征管效率提高（实际税率提高）会降低还是提高居民福利？如果征管效率的提高会降低福利，即 $W_{\chi^*} < 0$，则说明地方政府的税收征收努力受到纵向外部性主导，税收征收超过了社会最优；反之，如果征管效率提高增加福利，即 $W_{\chi^*} > 0$，则说明地方政府的税收征收努力受到横向竞争压力的主导，税收征收低于社会最优，实际税率偏低。

$$W_{\chi^*} = \theta KTp' - (1 - \theta) KT + \Gamma_g T[(1 - \alpha - \theta) K - \theta Kp'$$
$$+ (1 - \alpha)T\chi^* K'(1 + p')] + \Gamma_G N\alpha T[K + \chi^* K'T(1 + p')] \qquad (2-13)$$

为便于判断 W_{χ^*} 的符号，用式（2-13）减式（2-11），

$$W_{\chi^*} = \theta Kp'T(1 - \frac{1}{N}) + \Gamma_g T[(1 - \alpha)K'T\chi^*(1 - \frac{1}{N})p' - (1 - \frac{1}{N})\theta Kp']$$
$$+ \Gamma_G(N - 1)\alpha T[K + K'T(1 + p')\chi^*]$$

整理得：

$$W_{\chi^*} = T(1 - \frac{1}{N})\{\underbrace{\Gamma_g(1-\alpha)K'T\chi^*p'}_{\text{税收竞争的横向外部性}} + \underbrace{\theta K(1 - \Gamma_g)p'}_{\text{租金提取的横向外部性}} +$$

$$\underbrace{N\Gamma_G\alpha(K + K'T[1 + p']\chi^*)}_{\text{税收竞争的纵向外部性}}\}$$

括号中第一项"税收竞争的横向外部性"确定为正；括号中第二

项 "租金提取的横向外部性"，当 $\Gamma_g > 1$，即地方公共品的边际效用大于私人消费的边际效用时（这一条件具有经济上的合理性），此项为正；括号中第三项 "税收竞争的纵向外部性"，此项又可以分解为两项，即 $N\Gamma_G\alpha K$ 和 $N\Gamma_G\alpha K'T(1 + p')\chi^*$，前一项为正，后一项为负，为什么纵向外部性可以分解为两部分？这与税收分享制度有关系，不同于联邦制下中央、地方共享税基，各设税率的情况，本章所描述的中国的情况是共享税基、一个税率、税收比例分成，故首先中央与地方在税收上有一个 "绑定" 效应，即地方政府间的横向竞争造成税收优惠过度，实际税率偏低，这间接造成中央的分享税偏低，类似于横向外部性，故第一项为正。第二项则反映的是 "公共鱼塘" 效应，即地方政府因某种激励需要提高共享税税收征管效率以增加收入的时候，忽略其自身行为对中央税收的影响，地方获得一定的税收增加的同时也导致中央税收的增加，从而使均衡的征管效率水平（实际税率）过高，故第二项为负。

因此，从对称均衡点出发，协调性的征管效率提高产生的净福利效应为正还是为负，取决于横向和纵向外部性的相对大小。如果横向外部性主导，则协调性的征管效率提高增进社会福利；如果纵向外部性（第二项）主导，则协调性的征管效率提高降低社会福利。

第五节　实证检验

一、逻辑过程

根据以上理论分析，本章的实证分析逻辑如下：

（1）我们假定实际均衡税率 Rtax 是名义税率 Ntax 与广义税收征管

效率 Tae 的函数，即 Rtax = g（Ntax,Tae），其中，名义税率是固定的，
$\dfrac{dRtax}{dTae} > 0$，征管效率越高，实际均衡税率越高。因此实际均衡税率决
定函数可简化为 Rtax = g（Tae）。

（2）广义征管效率 Tae 是政府间横向竞争强度 HC 和政府间纵向竞
争强度 VC 的函数，即 Tae = ƒ（HC,VC），其中，$\dfrac{dTae}{dhc} < 0$，$\dfrac{dTae}{dvc} > 0$，
这意味着地方政府间横向竞争的加剧将导致广义征管效率 Tae 降低，
政府层级间纵向竞争的加剧将导致广义征管效率 Tae 的提高。1999~
2006 年，我国的行政区划相对稳定，[①] 可以利用地区间税收反应函数
来测度横向税收竞争效应，即本地实际税率（进而是广义征管效率）
是其他地区实际平均税率（Otax）的正相关函数，其他地区的征管效
率和实际税率越低，在横向竞争压力下本地的征管效率和实际税率也
就越低。同时，这一时期正是 1994 年分税制改革之后进入财政制度稳
定期的时间，这就排除了分税制改革之前制度不稳定性因素的干扰和
1994 年分税制改革等制度变革因素的影响。

（3）根据前面的理论逻辑，我们重点关注三个可能显著影响纵向
竞争强度的变量：①收入集权指标 Cent（中央级税收占总税收的比
重）。②收入规范化指标 Renor（本级预算外收入占预算内收入的比
重）。③净转移支付指标 Trans（中央对地方的净转移支付占地方本级
税收收入的比重）。[②] 财政收入向上集中程度 Cent 越高，地方政府收入
规范化压力越大（Renor 指标越小），纵向竞争强度越大，广义征管效
率提高。中央对地方的净转移支付相对规模越大，纵向竞争强度缓

---

① 从省级区划来看，除中国香港、中国澳门、中国台湾三个省级区划之外，1988 年海南设省后到 1997 年
　我国大陆省级区划为 30 个，1997 年重庆设直辖市，调整为 31 个，之后保持稳定，现在包括中国香港、
　中国澳门、中国台湾在内共 34 个省级行政区；从地级区划来看，1992 年调整最大，从 151 个调整到
　339 个，之后变化不大，2003 年后一直保持在 333 个；从县级区划来看，1992 年从 1894 个调整为 2171
　个，之后略有下降，2002 年又从 2053 个调整到 2860 个，之后基本保持稳定，2008 年县级区划为 2859
　个（历年《中国统计年鉴》）。
② 具体含义见下文的指标说明。

解，纵向协调性增强，广义征管效率降低。因此，广义征管效率是以上三个变量的函数 $Tae = h(Cent, Renor, Trans)$，其中，$\dfrac{dTae}{dCent} > 0$，$\dfrac{dTae}{dRenor} < 0$，$\dfrac{dTae}{dTrans} < 0$。

（4）利用前三步的结论，我们得到可用来实证检验的实际均衡税率理论方程，实际均衡税率是 Cent、Renor、Trans 三个纵向关系变量和一个横向关系变量 Otax 的函数，同时将土地财政变量 Land、产业结构等作为控制变量（X）。

$$Rtax = g(f(HC, VC, X))$$
$$= g[h(Otax, Cent, Renor, Trans, X)]$$
$$= t(Otax, Cent, Renor, Trans, X)$$

其中，$\dfrac{dRtax}{dOtax} > 0$，$\dfrac{dRtax}{dCent} > 0$，$\dfrac{dRtax}{dRenor} < 0$，$\dfrac{dRtax}{dTrans} < 0$。

根据以上建构，图 2-4 反映了政府竞争与实际均衡税率决定的系统。

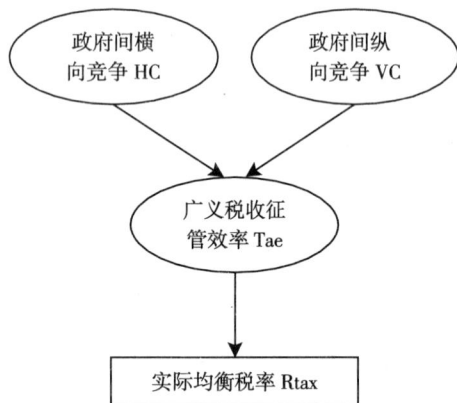

图 2-4　政府竞争与实际均衡税率决定的系统

二、指标和数据

控制变量除土地财政指标之外，主要选取产业结构指标、收入水平指标，从而控制住经济发展水平差异以及产业结构变动对宏观实际均衡税率变动的影响。

各指标的具体含义和预期回归结果如下：

指标1：Rtax，本地发生的所有税收（包括中央级和地方级）占本地 GDP 的比重，作为被解释变量反映一个地区的宏观税负水平或实际税率。值得注意的是，这里忽略了商品生产与消费地的差别以及在不同地区拥有子公司的集团公司税务处理方面的技术环节。

指标2：Cent，以收入来衡量的集权程度，由于1994年分税制改革为了减少改革阻力，承认地方既得利益，存在大量税收返还，所以这里选用两个收入集权指标。第一个是名义收入集权指标 Cent1，即某一地区中央级税收收入占该地全部税收（中央级加地方级）收入的比重。第二个是扣除税收返还的收入集权指标 Cent2。从理论上看，中央向上集中收入将迫使地方加强税收征管努力，或减少过多的税收优惠，从而使实际均衡税率提高，所以该指标理论上应该与宏观税负 Rtax 正相关，并且由于税收返还在很大程度上属于地方自主财力，故理论上预期实际税率应该对 Cent2 更敏感。当然，究竟地方政府对哪一个收入集权指标更敏感，还需实证的检验。

指标3：Renor，地方政府收入规范化指标，以地方政府预算内收入对预算外收入的比重来衡量，该指标越高，说明地方政府收入的规范化程度越高，假定地方政府收入规范化的动力来自上级政府的规制，那么当中央政府对地方政府施以收入规范化规制的时候，地方政府的预算外收入受到削弱，从而诱致地方政府加强税收征管，以弥补收入损失，平衡刚性支出。因此，理论上 Renor 应与宏观税负 Rtax 正相关。

指标4：Trans，中央对地方的净转移支付占地方本级税收收入的比重，中央对地方的净转移支付为中央补助地方收入（含税收返还）减去地方上解中央收入。理论预测是，该指标越高，地方政府对转移支付的依赖性越强，加强税收征管的动力越小，本地实际税率也就越小，从而 Trans 与 Rtax 负相关。

指标 5：Otax，其他地区的平均税率，表示该地区与其他地区之间横向的税收互动。其他地区降低税率，本地也会降低税率以应对，故理论上 Otax 与 Rtax 正相关。这里我们区分三类子指标，Otax1 是本省以外各省的平均宏观税负，Otax2 表示按地区（东、中、西）分组的组内其他省份平均宏观税负，Otax3 仅考虑作为主体税种的增值税（增值税/工业增加值），该税主要来自工业增加，进而来自可流动性资本，该指标可能在更大程度上能够度量政府间的横向税收竞争程度，同样，Otax3 指标的构建也按三大地区分组。

指标 6：Land，土地出让金净收益占地方预算收入的比重，其他条件不变，如果包括土地出让金收益的总体预算平衡约束起作用，土地出让收入的增加会弱化增税激励，从而理论上 Land 与 Rtax 负相关。

其他控制变量：Ind，第二产业占 GDP 的比重。Ser，第三产业占 GDP 的比重。第二产业主要是可贸易部门（如制造业），第三产业主要是非贸易部门（如房地产业），可贸易部门的资本流动性会通过政府间横向竞争约束政府的征税动力，因此，相对于非贸易部门，可贸易部门比重的提高可能导致较小的宏观税负提高。一个有待实证检验的推论是，即使 Ind 和 Ser 可能都与 Rtax 正相关，但 Ser 的作用更强。

最后，我们得到用于计量检验的回归方程（方程下的符号表示主要变量的预期符号）。

$$Rtax_{it} = C + \underset{(+)}{\alpha_1 Otax_{it}} + \underset{(+)}{\alpha_2 Cent_{it}} + \underset{(+)}{\alpha_3 Renor_{it}} + \underset{(-)}{\alpha_4 Trans_{it}} +$$

$$\underset{(-)}{\alpha_5 Land} + \alpha_6 Ind_{it} + \alpha_7 Ser_{it} + u_i + \mu_{it}$$

我们利用中国 31 个省（直辖市、自治区）1999~2006 年的相关数据检验前面提出的逻辑框架和理论假说。所有指标根据各年度《中国统计年鉴》、《中国财政年鉴》、《中国税务年鉴》和《国土资源统计年鉴》的相关数据计算得出。首先给出各变量的平稳性检验。我们利用

Levin-Lin-Chu 面板单位根检验方法，选取的滞后期数为 1。表 2-1 中的结果表明，各指标是平稳的，其中 Rtax、Trans、Ser 和 Land 是水平平稳，其余为趋势平稳。

表 2-1　面板数据平稳性检验（Levin-Lin-Chu Test，滞后期=1）

变量	调整后 t 值	P 值	平稳类型	观察值
Rtax	−3.81	0.0001	水平	248
Otax1	−12.09	0.0000	趋势	248
Otax2	−7.45	0.0000	趋势	248
Otax3	−20.31	0.0000	趋势	248
Cent1	−16.72	0.0000	趋势	248
Cent2	13.58	0.0000	趋势	248
Renor	−7.32	0.0000	趋势	248
Trans	−12.37	0.0000	水平	248
Ind	−98.63	0.0000	趋势	248
Ser	−5.47	0.0000	水平	248
Land	−5.14	0.0009	水平	248

三、实证结果

为抓住税收增长的动态特征，我们采用动态面板数据的系统 GMM 估计方法，该方法由 Holtz-Eakin、Newey 和 Rosen（1988）、Arellano 和 Bond（1991）、Arellano 和 Bover（1995）、Blundell 和 Bond（1998）发展而来，它能够解决动态面板数据中的异方差、自相关以及部分解释变量的内生性问题。最近，Roodman（2009）提供了一个相应的 Stata 运行模块。由于变量 Otax 与 Rtax 存在同期互动，是在横向竞争中被同时决定的，所以我们将 Otax1、Otax2 和 Otax3 作为潜在的内生变量，并以其滞后或差分的滞后作为工具变量。如果不对工具变量有所约束，工具变量的个数相对于样本空间而言会很大，这里我们通过控制工具变量的滞后期数等方法将其限制在合理的范围内，同时，我们在此基础上适当地增加或减少工具变量，基本结论不受影响。具体结果见表 2-2。

表 2-2　政府竞争与税收决定（N=31，T=1999~2006）

Variable	GMM_A1	GMM_A2	GMM_B1	GMM_B2	GMM_C1	GMM_C2
Otax1	0.277	0.158				
Otax2			0.158	0.047		
Otax3					0.815*	0.775*
Cent1	0.04		0.095		0.107*	
Cent2		0.089**		0.119***		0.125***
Renor	0.016***	0.014***	0.015***	0.014***	0.018***	0.015***
Trans	−0.008***	−0.006***	−0.007***	−0.006***	−0.008***	−0.006***
Ind	0.257**	0.209***	0.243***	0.187***	0.216***	0.175***
Ser	0.642***	0.602***	0.612***	0.578***	0.553***	0.531***
Land	−0.01	−0.008	−0.013*	−0.011	−0.009	−0.009
_cons	−0.327***	−0.279***	−0.317***	−0.252***	−0.311***	−0.265***
N	248	248	248	248	248	248
Instruments	11	11	11	11	11	11
AR (1)	0.077	0.101	0.054	0.084	0.056	0.056
AR (2)	0.739	0.963	0.922	0.596	0.928	0.444
Hansen Test	0.016	0.018	0.327	0.235	0.549	0.3
Difference-in-Hansen	0.006	0.012	0.507	0.396	0.224	0.168

注：***、**、*分别代表 t 检验值在 1%、5%、10%的水平上显著。AR（1）、AR（2）分别是 Arellano-Bond 一阶和二阶自相关检验对应的 P 值，原假设是存在一阶或二阶自相关。Hansen Test 是工具变量过度识别检验对应的 P 值，原假设是工具变量是有效的。Difference-in-Hansen 是工具变量外生性检验对应的 P 值，原假设是工具变量可以认为是外生变量。

模型结果说明及其经济含义：

（1）首先来看三个横向竞争指标。以宏观税负指标构建的横向税收竞争指标 Otax1 和 Otax2 均不显著，而以增值税构建的横向税收竞争指标 Otax3 在 10%的水平上显著。这可能暗示在 1999~2006 年，相对于分税制改革之前，地方政府随意减免税的现象在很大程度上得以控制，横向税收竞争被弱化。

（2）衡量纵向财政竞争的三个指标，税收集权指标 Cent、收入规范化指标 Renor 和政府间转移支付强弱指标 Trans 的估计系数符号均与预期一致。但名义税权集中指标（Cent1）基本不显著，考虑到税收返还后的实际税权集中指标（Cent2）在各模型中都是显著的，这与理论预测是相同的。另外两个纵向关系变量在所有模型设定中均显著。地方财政收入规范化加强（Renor 提高），纵向竞争加剧，税收征管效率内生提高，实际均衡税率提高。自上而下的转移支付相对规模越大，纵向竞争缓解，由征管效率决定的实际均衡税率降低。

（3）产业结构控制变量 Ind、Ser 在所有的模型中都是显著的，且符号为正。并且，正如我们在前面所作的理论推测，Ser 对实际均衡税率的影响大于 Ind 的影响，也就是说，第三产业单位 GDP 的税收大于第二产业单位 GDP 的税收，这种格局内生于商品或服务的可贸易性与政府间横向竞争机制，第三产业较低的可流动性或可贸易性决定了其相对于第二产业的较高税负。这也部分解释了为什么对高流动性资本（第二产业）倾向于仅对其增值额征税，而对低流动性、不可贸易性资本（第三产业）却对其所有营业额征税，我们不妨称不同资本的税负差额为"可流动性租金"或"可贸易性租金"。

（4）土地出让因素在所有模型中都不显著，看上去有些出乎我们的意料，这是因为对当前的土地财政格局有这样一种"主流"论调：（正式财政的）分税制改革导致地方财政收入紧张（这无疑指的是预算内收入），迫使地方政府通过非正式财政手段出卖土地以弥补或增加总收入。这里的实证结果从反面挑战了这一"主流"论调。如果上述逻辑成立，那么在其他条件不变的情况下，土地出让收入的增加应该显著地削弱正式财政内的征税激励才对。但是，正式财政收入与土地财政收入之间的替代关系可能并不存在，或者说根本不存在一个包含正式财政和土地财政的总的预算平衡约束，事实上两者相互隔离，正式财政由财政部门负责，而土地出让收入往往不为财政部门所控制和分配，土地出让收入往往定向地投到了基础设施领域，而非转移到了公共服务领域，即使正式财政内的公共服务资金缺口很大。

第六节　本章小结

"中国式分权"在学术界已广为人知，但它显然仍是一个极为模糊且笼统的概念。本章借助对税收增长的理解，刻画了中国分税体制下政府间横向和纵向竞争的微观机制，为理解中国式分权提供了一个有益的视角。本章的主要结论总结如下：

（1）对"分权"的认识理应同时包含政府间横向和纵向关系，即两者是同时被系统性决定的，前者更侧重于分权的后果，而后者更侧重于分权本身。考察中国政府间税收竞争的横向和纵向维度，以及这种关系赖以存在的制度环境（如地方政府就税收展开的行政性垄断竞争、制度不规范导致的巨大征管空间等），向更全面理解中国式分权的典型特征迈出了重要一步。

（2）中国的税收增长，尤其是20世纪90年代中期以来的税收持续超经济增长现象，可以在我们所界定的中国式分权框架内给予很好的解释。一般地，横向竞争使实际均衡税率低于社会最优水平，而纵向竞争则会使其高于社会最优水平。当税收决定为前者所主导的时候，实际均衡税率偏低；当税收决定为后者所主导的时候，实际均衡税率偏高。90年代中期以来的财政收入规范化进程和中央——地方共享税分成比例的不断提高促使纵向竞争加剧，而横向竞争受到一定的制度约束，因此，这一时期税收增长路径发生了由横向效应主导向纵向效应主导的转变，伴随着共享税税收征管效率和实际均衡税率的提高，结果导致了宏观税负的"U"形反转和近10年的税收持续超经济增长。

（3）政府间纵横关系的交织使得税收竞争和税收协调的福利效应具有不确定性，当税收决定被横向竞争效应主导的时候，协调性的税收征管效率提高有利于增进社会福利；而当税收决定被纵向竞争效应主导的时候，继续加强税收征管可能导致社会福利的降低，这就引发了相应税制改革的需要。

（4）1999~2006 年的省级动态面板数据模型很好地拟合了本章的相关理论预测。一方面，地方政府间对流动性税基的横向竞争导致可贸易部门（如制造业）的相对低税收负担，非贸易部门（如房地产业）的相对高税收负担；另一方面，在威权政治约束下，政府间纵向财政竞争通过"公共鱼塘"效应拉升实际宏观税负。另外，政府财力可能没有走向统筹优化，土地财政与正式财政在更大程度上是割裂的，在广义的政府收入规模屡创新高的同时，政府财力碎片化趋势并未得到根本扭转。

最后，我们在本章规范性分析的基础上，结合当前我国财税、经济面临的问题，初步给出几个相关的政策推论：

（1）20 世纪 90 年代中期的分税制改革之前，我国的税收增长路径是典型的横向竞争主导型，这与改革开放之初政府向企业放权让利、中央政府向地方政府放权让利的大背景是分不开的，即先"搞活"再"规范"。日趋激烈的横向竞争使宏观税负不断下降，而有限的公共收入又被地方政府重新投入到有利于争夺资本的领域，从而"公共支出偏向"①的根源早在分税制改革之前就处于酝酿之中。以 1994 年税制改革为标志，中央向上集中财权、规范地方预算外收入、规范地方横向竞争等一系列举措使得税收增长路径从横向竞争主导模式渐变到纵向竞争主导模式。显然，这一转变以广义的税收征管效率为纽带，使得实际均衡税率从较低的位置向社会最优移动，社会福利由此得以增进。但是，随着纵向竞争关系的加强，征管效率逐步提高，实际的宏观税负很可能越过社会最优的水平，从而税收增长路径被纵向竞争主

---

① 即公共支出结构偏向于生产性基础设施等公共投入，而针对人的公共服务投入严重不足。

导，此时，纵向竞争所内生的征管效率提高就会降低社会福利水平。此时，减税可对冲这种负面效应，并且这使得税收制度从高税率（名义）、低征管的均衡（"宽打窄用"）转向低税率、高征管的均衡，我们得到的结果是：社会福利的提高和税收制度的规范化。

（2）当税收增长路径被纵向竞争主导的时候，降低名义税率不是增进社会福利的唯一方式。从本章的逻辑中至少可以推演出以下四种增进社会福利的方式：①适当降低中央—地方共享税的分成比例，从而可以舒缓政府间纵向税收竞争的激烈程度，降低实际均衡税率，增进社会福利。②加强地方税种建设，减少税收共享的范围，从而增加政府间横向税收竞争，降低实际均衡税率，增进社会福利。③改变公共物品和公共服务提供的中央—地方间分工，在中央—地方财权不做调整的情况下，中央政府承担或分担更多的公共品提供职能，[1] 从而降低政府间纵向的收入竞争，减弱实际税率上升的激励。④如果既不改变政府间财权配置，也不改变既有的政府间事权配置，那么还可以通过自上而下的转移支付体系来弱化纵向税收竞争，协调横向税收竞争，从而达到增进社会福利的目的，但这需要考虑转移支付制度本身的效率和成本问题。

（3）分税制后国税局与地税局分别设立，这种制度安排不仅抑制了地方政府之间恶性的横向税收竞争，而且增加了中央政府与地方政府进行纵向竞争的有效性，这也是推动税收增长路径转变的重要因素。然而，长期维系两套税务征管机关的成本是不能不考虑的。在税收制度实现了从高名义税率—低征管水平向低名义税率—高征管水平的转变之后，两套税务机关存在的必要性就值得重新考虑。当然，税务机关的撤并还要考虑地方预算外收入规范化的进程以及地方税种的建设情况。

---

[1] 事实告诉我们，大多数政府供给既不是仅仅由中央政府来提供，也不是仅仅由地方政府来提供，而是中央和地方政府分担提供，这种分担模式与政治架构有密切的关联。

（4）20 世纪 90 年代末以来，非贸易部门（如房地产业）相对于贸易部门快速发展，这种经济结构的变化产生了政府间财政关系—分税制改革的内在需要。本章的分析框架为分税制改革提供了一个效率原则：在既定最优宏观税收的条件下，最优分税制要求政府间横向竞争的效率损失和纵向竞争效率损失之和最小化。当然，这是一个超出本章主旨且有待进一步论证的命题。

第三章 政府间财政互动与"省直管县"体制改革

第一节 引 言

第二章从政府间财政互动的角度解释了我国持续多年的税收超GDP增长现象，并利用省际数据进行了初步检验。本章我们站在县、市层面，并以近来热议的财政"省直管县"改革为背景来认识和理解政府间财政互动的逻辑。在中国，县（市）是社会经济运行的基础性行政单位。将横向的县际关系与纵向的县市关系相结合，是理解中国经济发展和诸多社会经济问题的一个有益视角。本章以存在于我国的多样化省以下财政体制为背景，以实证的方法寻找省以下县市之间的财政互动关系，既包括县与县之间的横向互动，也包括县与地级市之间的纵向互动。

本章选择经济发展水平相近的浙江和江苏两省之下的市、县为研究对象。这一选择是具有典型意义的，因为尽管两省的经济发展水平接近，但在改革开放后相当长的时间内，两省省以下财政体制却存在较大差异，浙江省是典型的财政"省直管县"体制，[①] 而江苏省是典型的"市管县"体制，[②] 这种省以下的财政体制差异恰恰是我们所要重点关注的。我们将首先致力于发展一个有利于实证检验的原理性框架，然后利用此框架对浙江省和江苏省省以下财政体制进行比较实证研究。这里，我们仅关注税收互动，当然，此思路可以自然地延伸到对县际公共支出均等化以及县际经济增长等问题的分析。

第二节 原 理

一旦我们站在县、市的层面观察政府间税收互动关系，新的信息增量就出现了。为便于分析逻辑的展开，我们首先定义省以下政府间税收竞争的空间结构，其次定义省以下政府体制的类型，再次辨别体制类型与政府竞争空间的可能组合，最后利用横向和纵向税收竞争理论建立一个便于实证检验的县域实际税负决定模型。

定义政府间税收竞争的空间结构：

（1）"财政权利空间"，即我们通常所说的分权，具体而言是指县、市两级政府之间的收入划分规则或税收分成比例，本章中我们运用县级税收分成比例或市级财政集中度来描述"财政权利空间"中的政府间纵向竞争关系。同级政府不处在该空间中，即同级地方政府之间没

[①] 按照吴云法（2004）对浙江省长期实行"省直管县"财政体制的总结，所谓"省直管县"财政体制，即市（地）本级财政和县（市）财政一样都直接同省在体制上挂钩，市（地）一级不与所辖县（市）在财政体制上产生结算关系。另外，浙江虽然存在地级市一级政府，但浙江经济一般是县强市弱，市对县的行政支配力并不强（宁波市除外），尤其是经过几轮"强县扩权"，县领导往往直接跟省里而非市里关系更为密切。从这个意义上讲，浙江更接近于严格意义上的"省直管县"，而非"准省直管县"（详见下文定义）。

[②] 2007年3月26日，江苏省政府印发的相关通知规定，省财政直接管理52个县（市），取消"市与县（市）之间往来财政制度"，建立"省与市、省与县（市）财政往来制度"。但时至今日，江苏的"财政省直管县"改革推进并不顺利。

有财政权利关系。

（2）"财政地理空间"，即把县或市作为一个经济地理上的同质性单位，县与县之间、县与市之间都会在"财政地理空间"中发生关系。具体而言，在此空间中，县与市之间的税收竞争与县际税收竞争具有相同的性质，都归属为通常意义上的横向税收竞争。

（3）"行政权力空间"，即地级市凭借行政权力，与下辖县展开税收互动。具体表现为通过行政区划调整、行政性并购等手段将税收贡献度大、盈利能力强，即单位 GDP 创税多的税源从县转移到市（市辖区）。我们将这种情形定义为"市刮县"。当然，"行政权力空间"中也存在市级政府利用行政权力统筹县市发展的可能性，我们将此情形定义为"市带县"。

定义省以下政府体制类型：

（1）"省直管县"体制，即无论是行政上（尤其是地方行政长官的任命）还是财政上，县都与省直接发生关系。

（2）"准省直管县"体制，即在行政上县与市发生关系（市行政上管理县），而在财政上县与省直接发生关系，县与市没有财政结算关系。

（3）"市管县"体制，即无论是行政上，还是财政上，都是县与市直接发生关系。

根据以上定义，不论何种体制，县与县之间仅在财政地理空间中发生关系，比较简单。所以，我们只总结对应财政体制下的省以下县、市税收互动关系，如表 3-1 所示。

表3-1 财政体制下的省以下县、市税收互动关系

	财政权利空间	财政地理空间	行政权力空间
省直管县	/	√	/
准省直管县	/	√	√
市管县	√	√	√

注：√表示对应空间和对应体制下县与市之间存在税收互动关系。/表示对应空间和对应体制下县与市之间不存在税收互动关系。

下面，假定一个省下辖 m 个地区（地级市），每个地级市又下辖不必相等的县 C，那么 C_{ij} 就可以唯一地表示 i 地区的第 j 个县，其中，$i = 1, \cdots, m, j \geq 1$。$T_{ij}$ 表示县 C_{ij} 的宏观税负，$T_{\bar{ij}}$ 表示与县 C_{ij} 具有竞争关系的其他县的算术平均或加权平均宏观税负，T_i 表示 i 地区市辖区的宏观税负。那么，我们由此可以得出最基本的县域宏观税负决定函数 $T_{ij} = \prod (T_{\bar{ij}}, T_i, D_{ij}, X_{ij})$，其中，$D_{ij}$ 表示"财政权利空间"中的分级财政关系，比如县市级财政收入分配关系，X_{ij} 表示影响县 C_{ij} 宏观税负的其他宏观变量，如人口规模、收入水平、产业结构等。需要注意的是，在控制了影响税收的实体经济因素之后，宏观税负的变化不是通过税率的调整而实现的（我国 1994 年分税制以来法定名义税率基本没有发生变化），而是通过广义税收征管效率（如税收优惠、减免、返还等）来实现的。无论哪种形式，最终都体现为实际税率的变动。

我们具体到不同的省以下政府体制背景。

"省直管县"体制下的县、市关系比较简单，如表 3-1 第一行。"省直管县"体制下，县级财政直接与省发生关系，不经过市财政，那么在"财政权利空间"中县级财政与市级财政不相关，在"财政地理空间"中县与市之间类似于横向的县与县之间的财政竞争关系，根据基本的横向税收竞争理论（Zodrow 和 Mieszkowski，1986；Wilson，1986），有 $\dfrac{dT_{ij}}{dT_{\bar{ij}}} = \prod_1' > 0$，$\dfrac{dT_{ij}}{dT_i} = \prod_2' > 0$，即在一个竞争性政府体系中，其他地区的实际税率下降将诱致本地实际税率的下降。

"准省直管县"体制下，县与县之间在"财政地理空间"中同样存在横向竞争关系，即 $\dfrac{dT_{ij}}{dT_{\bar{ij}}} = \prod_1' > 0$。县与市的关系比"省直管县"要复杂，一方面，在"财政地理空间"内，县市间的类横向财政竞争使县市实际税率表现为同向互动，县、市作为（地理上）平等的主体，为竞争外部资本，县的实际税率降低必然引发市的实际税率下降，即

$\dfrac{dT_{ij}}{dT_i} = \prod_2 > 0$；另一方面，在"行政权力空间"内，市拥有对县的行政管辖权，因此具有利用行政权力进行"市刮县"的可能性。同时，"准省直管县"体制下县、市之间不存在财政结算关系，因此市缺乏"带"县的财政收入激励。两相作用，"市刮县"往往成为事实上的均衡结果。[①]"行政权力空间"上的纵向财政竞争（"市刮县"）使县市实际宏观税负呈反向互动，优质税源从县向市的转移提高了市区单位 GDP 的税收创造，平均宏观税负提高，同时，县域单位 GDP 的边际创税能力下降，平均宏观税负下降。故而，县域宏观税负与市区宏观税负之间是简单的替代关系，即 $\dfrac{dT_{ij}}{dT_i} = \prod_2 \leqslant 0$。[②] 总之，在"准省直管县"体制下，市区宏观税负与所辖县域宏观税负之间的关系是不确定的，如果"财政地理空间"中的类横向竞争效应占主导，两者正相关，如果"行政权力空间"中的纵向竞争效应占主导，两者负相关。

"市管县"体制下，县与市的关系较为复杂。市与县既存在上下级的财政结算关系，也存在行政上的管理关系。在"财政权利空间"内，市级财政与县级财政面对重叠的税基，也就具有了纵向财政竞争的可能性（Keen，1998）。我们知道，以美国等联邦制国家为代表的财政系统中，纵向税收竞争是通过联邦政府与州政府各自的税率调整而发生的，而我国现有的分税制体制下，纵向竞争是通过税收或财政收入分成比例来实现的，[③] 上级财政的向上集权行为会给下级政府支出造成压

---

① 理论上，财政"省直管县"—行政"市管县"的准"省直管县"体制也有出现"市带县"的可能，但由于"市带县"的财政激励很低，如果没有其他非财政激励，市很难有积极性"带"县，而是尽量将市区产生的正外部性内部化，把市区产生的负外部性成本转嫁给所属的县。

② 理论上存在这样的可能性：市级政府从县级政府"刮"去的可能不是边际创税能力高，而是税收总额大、边际创税能力低的税源，这会模糊"行政权力空间"中县市宏观税负之间的互动关系。我们认为，竞争导致的税收流动是发生在边际意义上的，边际创税能力高的税源将优先被"刮"去。考虑到财政收入上的"市刮县"是有成本的，如果假定这种成本（如企业重新安置的成本）随企业产值或 GDP 递增，那么经济理性将驱使市级政府去"刮"单位 GDP 创税能力高的税源。一种极端的情形是，市把税收"刮"走，而把对应的 GDP 留给县。

③ 我国省以下分税制并没有统一的标准，中央与省的分税制模式并没有自然地延伸到省以下，而是存在多样化的政府间财政关系。这里，我们忽略具体的、多变的省以下财政合约形式，着眼于结果上的政府层级间收入竞争关系。

力，在政府间事权未做相应调整的条件下，这种支出缺口压力可能转化为税收征管效率的提高（进而实际税率提高），甚至转化为对经济产生更大伤害的征"过头税"等应对策略。因此，从以上逻辑直觉来看，应该有 $\dfrac{dT_{ij}}{dD_{ij}} = \prod_3' < 0$，其中，$D_{ij}$ 表示下级政府（县）财政收入分成比例。但精确的数理模型可以证明，$\prod_3' < 0$ 要满足某些条件，这些条件包括：市级公共品、县级公共品和私人消费品之间的相对边际效用，以及储蓄和投资的相对利率敏感性。[1] 另外，以上分析是假定上级财政收入的集权化行为没有对应政府间事权的重新再配置，如果收入集权对应着事权的向上转移，那么基层政府就不会产生收支缺口，从而也就不会产生增税激励，理论上 $\dfrac{dT_{ij}}{dD_{ij}} = \prod_3' = 0$。[2] 因此，严格来说，$\prod_3'$ 的符号是不确定的，即 $\dfrac{dT_{ij}}{dD_{ij}} = \prod_3' \gtrless 0$。

"市管县"体制下，"财政地理空间"中县、市之间的类横向竞争效应与"省直管县"体制下并无二致，因此有 $\dfrac{dT_{ij}}{dT_i} = \prod_2' > 0$。主要差别发生在"行政权力空间"和"财政权利空间"中。"市管县"下的县市纵向互动可以大致分为两种情形。第一种情形是"市刮县"、"市卡县"，这种情形类似于前面"准省直管县"体制下的分析，地级市（市辖区）利用行政管理权上的优势与所属县竞争税收高贡献率的税源，这种竞争使市县宏观税负呈替代关系，因此有 $\dfrac{dT_{ij}}{dT_i} = \prod_2' < 0$。第二种

---

[1] 我们在 Keen 和 Kotsogiannis（2002）的基础上，根据中国的税收分权结构，用严格的数理模型证明了政府间纵向税收分成比例变化导致广义税收征管效率，进而是实际税率内生改变（提高或降低）的机制和条件。具体可参见第二章。

[2] 与这里类似，Besley 和 Rosen（1998）在研究纵向税收竞争时提到支出效应（Expenditure Effect）使联邦与州税率设定之间的互动关系模糊化。从我国的实际情况来看，20 世纪 90 年代中期以来的相当一段时间内收入集权化并未对应事权的上移，基层政府的财政危机以及公共品提供的缺失是这种非对称制度调整的表现。最近几年，基础教育、公共卫生等公共服务事权的上移可认为是对前期非对称改革的校正。

情形是"市带县"，这种情形发生的概率要比"准省直管县"体制下发生的概率大得多，因为地级市可以分享所属县经济发展的成果，尤其是在财政收入分配上。"市带县"使地区内县市经济协调发展，在宏观税负上体现出更强的同向变化趋势，也就是说，在资本和劳动要素可自由流动的条件下，"市带县"的发展模式将使资本（和劳动）收入占国民收入的份额在县域和市域内趋于收敛，那么县和市的政府收入份额也将趋于收敛，因此有 $\dfrac{\mathrm{d}T_{ii}}{\mathrm{d}T_i} = \prod_2' > 0$。综合考虑，"市刮县"情形下横向税收竞争效应（为正）与纵向税收替代效应（为负）符号相反，净效应是模糊的，若竞争效应小于替代效应，净效应为负，"市刮县"特征明显。反之，净效应为正，"市刮县"虽有发生，但总体上县市之间的竞争效应更明显。"市带县"情形下横向竞争效应和税收协同效应符号一致，故净效应是确定为正。因此，如果实证估计出来的 $\widetilde{\prod}_2' < 0$，则可确认县市财政体制中的"市刮县"特征。反之，如果 $\widetilde{\prod}_2' > 0$，我们不能确定"市带县"特征是否属实，因为"市刮县"特征下也可能出现此情况。[①] 表 3-2 总结了以上讨论的可能结果。

<hr />

① 考虑到非均衡区域经济发展模式的动态过程，问题更为复杂。如果县、市宏观税负互动完全是在市场机制作用下发生的，经济的空间自发集聚—扩散过程伴随着地域税负关系的变化，这就不存在我们所关注的依托于行政权力配置资源的"市刮县"、"市带县"问题。依靠行政力量整合市场资源，加速资源集聚的发展模式存在持续的争议，经济发展的动态优化模型往往可以证明政府行政推动的合理性，而现实的约束往往倾向于证明其无效性和扭曲性，例如，地方官员的行为目标可能并非追求全局社会福利最大化，即使官员的行为目标是顾全大局的，但官员是有任期的，其任期与区域经济发展的集聚—扩散阶段往往并不吻合，因此其跨期的政策承诺并不可信。对于市场环境和经济发展水平较高的地区，市场力量驱动的地区间税收互动可能占优于地方政府行为驱动的税收互动；而对于市场环境较差，经济发展水平较低的地区，地区间税收互动更可能是由政府行为（比如本章所说的"市刮县"）驱动的。因此，在实证研究中，对结果的解释要保持足够的谨慎。

表3-2 不同财政体制下的县、市税收互动关系

	$\prod_1'$ (财政地理空间)	$\prod_2'$ (行政权力空间)	$\prod_3'$ (财政权利空间)
省直管县体制	+	+	/
准省直管县体制	+	不确定 (取决于相关参数)	/
市管县体制	+	– (确定市刮县) + (市带县/市刮县)	不确定 (取决于相关参数)

第三节 现象统计描述

让我们先来概要性地观察一下江苏和浙江两省的宏观税负大小及其近年来的走势，为方便比较，我们同时给出了全国平均宏观税负的走势。如图3-1所示，1999~2006年，宏观税负具有向上的趋势，我们在第二章、第三章中已经从理论和实证两方面对这种趋势性上涨作出了解释。除此之外，还有两个特点值得关注：①观察期内浙江省的宏观税负系统性地高于江苏省。②江苏省的宏观税负系统性地低于全

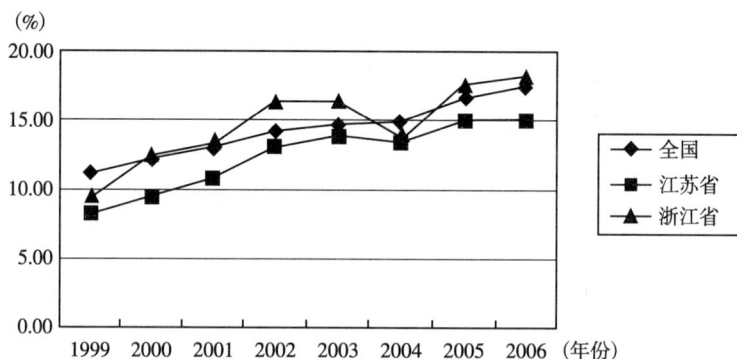

图3-1 江苏、浙江及全国平均宏观税负

注：这里计算的宏观税负是税务部门组织的收入/GDP，不包含非税务部门组织的财政收入，因此略低于预算内国家财政收入。用税务部门数据的好处是江苏、浙江两省的宏观税负可以计量，而财政部门数据只有省级（本级）预算数据，无法计算分省宏观税负。

资料来源：各年《中国税务年鉴》、《中国统计年鉴》。

国平均水平，浙江省的宏观税负大多数年份高于全国平均水平。我们知道，宏观税负的决定不仅与本章所关注的政府间关系有关，还与人口等社会变量，经济规模、产业结构、资本流动性等市场变量有关。因此，简单、直观的相关性分析不能科学地给出较为精确的定性和定量解释。

下面我们将从"财政权利空间"和"财政地理空间"两个角度比较江苏、浙江两省省以下财政体制。同样为了方便比较分析，我们给出全国省、直辖市、自治区地方财政决算收入的分级表（见表3-3）。1999~2006年，财政收入在省以下的分配发生了一些变化，主要体现在：省级财权大约有4~5个百分点的提高，地市级财权变化不大，县级财权对应就有4~5个百分点的下降，而县级财权的下降主要是乡镇级财权的迅速下降造成的。乡镇级财权呈持续下降趋势，占比从1999年的17.33%一路下落到2006年的10.26%。这里不分析其具体原因，但可以肯定造成这种现状的一个重要原因就是中国集中政治体制下的政府间纵向财政竞争。

表3-3 全国省、直辖市、自治区地方收入决算分级

单位：%

年份	省级	地市级	县级（含乡镇）	县级（本级）	乡镇级
1999	21.22	35.41	43.36	26.03	17.33
2000	22.39	36.45	41.00	24.98	16.03
2001	23.42	36.69	39.89	25.37	14.52
2002	25.99	36.13	37.87	24.40	13.48
2003	25.21	36.27	38.52	25.40	13.13
2004	24.92	36.95	38.13	26.69	11.44
2005	24.62	36.73	38.65	28.30	10.35
2006	25.54	34.92	39.54	29.28	10.26

资料来源：《地方财政统计资料》，1999~2006年。

在"财政权利空间"内，我们比较三个收入指标：①本级财政收入，也就是地方财政预决算统计中的本年收入。②财政收入总计，是本级决算收入加上中央补助收入、国债转贷收入、上年结余和调入收

入等，这也是本级财政的所有可用财力。③自给性财政收入，它介于本级本年收入与财政收入总计之间，是本年本级决算收入加上税收返还收入，因为税收返还不同于其他上级补助或转移支付收入，属于地方自有财力，故命名为自给性财政收入。

表3-4a、表3-4b给出了1999~2006年江苏、浙江两省本级财政收入在省、地市和县之间的分配情况。与全国平均水平相比，江苏和浙江两省省以下财政收入分配具有如下特点：①1999~2006年省级财政收入占比变化不大，但要比全国平均数低10个百分点以上。②两省地市级财政收入有不断走低的趋势，除江苏省1999~2001年地级市收入占比与全国平均水平相当之外，其他观察值都低于全国平均值。③相应地，两省的县级收入占比有不断走高的趋势，且观察值高于全国平均10个甚至20个百分点。由此我们可以大致判断，在省以下财政分配关系上，江苏、浙江两省与全国平均水平相比具有较大差异，省以下财政收入分权程度，尤其是对县的收入分权远高于全国平均。

我们再来比较江苏和浙江两省之间的差别，从表3-4a、3-4b可以发现以下特点：①1999~2006年，地市级收入占比江苏省明显高于浙江省，显然这是由于两省的财政体制不同造成的，浙江省的"省直管县"财政体制自然降低了地市级财政收入集中度。②随着时间推移，两省省之下政府间的财政收入分配差异趋于缩小，也就是说虽然两省省以下财政体制存在差异，但从收入分配结果来看趋于收敛。1999年省级收入占比浙江省比江苏省高3.1个百分点，但到2006年两省省级收入占比仅差0.1个百分点。1999年地市级收入占比浙江省比江苏省低近12个百分点，但到2006年两者相差不到1个百分点。1999年县级收入占比浙江省比江苏省高8.5个百分点，2006年两者所差也不过1个百分点。这是否意味着随着经济的发展，省以下财政体制的真实内涵趋于收敛，表面上的"省直管县"、"市管县"体制差异最终可能在实际内涵上趋于一致？如果真实体制差异是经济发展的内生结果，那么外生制度变革就是不需要的。如果体制差异是造成经济发展差异的原因，那么外生制度变革就具有合理性。

表3-4a 江苏省省、地市、县各级财政本级收入占比

单位：%

年份	省级	地市级	县级（含乡镇）
1999	9.47	37.32	53.21
2000	10.04	38.67	51.29
2001	10.13	36.15	53.73
2002	13.05	29.87	57.08
2003	11.40	28.84	59.77
2004	10.52	26.96	62.53
2005	10.92	25.86	63.21
2006	11.03	22.07	66.90

资料来源：对应各年的《江苏财政年鉴》、《中国财政年鉴》。

表3-4b 浙江省省、地市、县各级财政本级收入占比

单位：%

年份	省级	地市级	县级（含乡镇）
1999	12.57	25.75	61.68
2000	13.78	26.67	59.55
2001	11.39	25.56	63.06
2002	12.53	25.69	61.78
2003	12.00	24.55	63.45
2004	10.99	24.22	64.79
2005	10.58	21.66	67.76
2006	11.13	21.32	67.55

资料来源：对应各年的《浙江财政年鉴》、《中国财政年鉴》。

表3-5a、表3-5b给出了江苏、浙江两省省以下各级财政收入总计的政府间分配情况，该指标更好地反映了各级财政可用总财力的配置。与上面的相同相似点略去不谈，与本年决算收入指标相比，一个主要的差异是两省的省级总财力都呈现出明显的下降趋势，财力下放，尤其是向县级的下放趋势更加明显。

表3-6a、3-6b给出的财政自给性收入指标介于本年收入指标与财政收入总计指标之间，因考虑到制度化的税收返还而见长。税收返还（包括增值税和消费税返还、所得税基数返还）在地方政府的可预期收

表 3-5a　江苏省省、地市、县各级财政收入总计占比

单位：%

年份	省级	地市级	县级（含乡镇）
1999	11.44	36.62	51.94
2000	10.84	38.31	50.85
2001	9.30	36.28	54.42
2002	8.04	32.36	59.60
2003	6.34	30.63	63.03
2004	8.21	27.95	63.84
2005	5.00	28.27	66.72
2006	4.78	24.78	70.44

资料来源：对应各年的《江苏财政年鉴》、《中国财政年鉴》。

表 3-5b　浙江省省、地市、县各级财政收入总计占比

单位：%

年份	省级	地市级	县级（含乡镇）
1999	11.59	30.75	57.65
2000	11.19	31.37	57.44
2001	7.20	31.24	61.56
2002	6.73	29.51	63.76
2003	5.02	25.86	69.11
2004	5.56	27.85	66.59
2005	5.71	25.15	69.14
2006	5.76	24.90	69.34

资料来源：对应各年的《浙江财政年鉴》、《中国财政年鉴》。

表 3-6a　江苏省省、地市、县各级财政自给性收入占比

单位：%

年份	省级	地市级	县级（含乡镇）
1999	8.37	39.74	51.90
2000	9.26	40.25	50.50
2001	9.11	38.21	52.69
2002*	16.68	31.35	51.97
2003	8.66	32.44	58.89
2004	8.45	30.68	60.87
2005	9.36	28.93	61.70
2006	9.71	25.34	64.95

注：＊表示 2002 年数据异常，这是因为所得税基数返还仅公布到省级，地市县级相应统计数据不可获得。
　　参见《2002 年全国地市县财政统计资料》。
资料来源：对应各年的《江苏财政年鉴》、《中国财政年鉴》、《全国地市县财政统计资料》。

表3-6b　浙江省省、地市、县各级财政自给性收入占比

单位：%

年份	省级	地市级	县级（含乡镇）
1999	12.49	28.20	59.31
2000	13.62	28.60	57.78
2001	11.77	27.36	60.86
2002*	19.77	25.14	55.10
2003	11.42	26.18	62.40
2004	10.81	25.79	63.41
2005	10.60	23.42	65.98
2006	11.13	22.89	65.98

注：* 表示2002年数据异常，这是因为所得税基数返还仅公布到省级，地市县级相应统计数据不可获得。
　　参见《2002年全国地市县财政统计资料》。
资料来源：对应各年的《浙江财政年鉴》、《中国财政年鉴》、《全国地市县财政统计资料》。

入之内，属于地方可自主支配的财力，因此能够更准确地体现收入分权的边际变化。以县级收入占比为例，比较表3-4a、表3-4b，当年本级收入指标与自给性收入指标相比，过分夸大了收入分权的程度。当然，如果其他条件不变，随着时间的推移，税收返还存量相对于税收增长增量而言递减，两个指标最终会趋于收敛。

以上是在"财政权利空间"中考虑江苏、浙江两省省以下财政关系，下面我们考察省以下财政的"地理空间"结构。我们引入财政地理集中度的概念。所谓的财政地理集中度是指市区（市辖区）财政收入占全省区县财政收入的比重，这一比重越高说明财政资源向市区的集中趋势越明显。我们采用了四个集中度指标，两个是总量指标，另外两个是人均指标。从总量集中度指标来看，1999~2006年两省的总量财政地理集中度趋于上升，这表面上与各地区撤县设区的趋势有很大关系，但只要细想一下，就可发现撤县设区不过是对空间地理范围内经济发展结果的事后法律认可而已！财政地理集中度上升的动力最终来源于经济资源的空间整合，城市化是伴生现象。从人均财政集中度指标来看，1999~2006年两省的人均财政地理集中度趋于下降，其中2001年似乎对两省而言都是一个转折点，人均财政集中度突然下降，这背后的直接解释是该年撤县设区使市区人口突然增加，而市区财政收入增长的速度不及市区人口增加的速度。① 人均财政地理集中度的下降有多少是撤县设区效应造成的，又有多少是市县财政收入均衡化造成的，这本身又构成了一个新的研究方向。

表 3-7a 江苏省财政地理分布

年份	财政地理集中度1	财政地理集中度2	财政地理集中度3	财政地理集中度4
1999	0.5348	0.5229	3.1748	3.1038
2000	0.5421	0.5391	3.1709	3.1531
2001	0.6057	0.5916	2.2364	2.1844
2002	0.6441	0.6417	2.2247	2.2163
2003	0.6250	0.6131	2.1385	2.0978
2004	—	0.6239	—	1.9254
2005	—	0.6238	—	1.8981
2006	—	0.6116	—	1.8516

注：财政地理集中度1=13个市区财政一般预算总收入÷全省地市县一般预算总收入；财政地理集中度2=13个市区本级财政一般预算收入÷全省地市县级财政一般预算收入；财政地理集中度3=13个市区人均一般预算财政收入÷全省地市县一般预算人均财政收入；财政地理集中度4=13个市区本级人均财政收入÷全省地市县级一般预算人均财政收入；一般预算总收入是指地方级加中央级收入，不同于各级财政的收入总计（地方本级收入加上级补助等收入）。

资料来源：根据2000~2007历年的《江苏统计年鉴》计算得出。2004年后财政总收入口径的统计未有公布。

表 3-7b 浙江省财政地理分布

年份	财政地理集中度1	财政地理集中度2	财政地理集中度3	财政地理集中度4
1999	0.5204	0.5134	2.4795	2.4458
2000	0.5191	0.5207	2.4404	2.4479
2001	0.5604	0.5571	2.0662	2.0540
2002	0.5907	0.5940	2.0284	2.0398
2003	0.5865	0.5867	1.9462	1.9467
2004	0.6185	0.6052	2.0438	1.9997
2005	0.6017	0.5975	2.0416	2.0273
2006	0.6092	0.6056	2.0845	2.0722

注：财政地理集中度1=11个市区财政一般预算总收入÷全省地市县一般预算总收入；财政地理集中度2=11个市区本级财政一般预算收入÷全省地市县级财政一般预算收入；财政地理集中度3=11个市区人均一般预算财政收入÷全省地市县一般预算人均财政收入；财政地理集中度4=11个市区本级人均财政收入÷全省地市县级一般预算人均财政收入；总收入是指地方级加中央级收入，不同于各级财政收入总计（地方本级收入加上级补助等收入）。

资料来源：根据2000~2007历年的《浙江统计年鉴》、《浙江财政年鉴》计算得出。

---

① 2000年江苏省市区人口1208万人，2001年市区人口突增至1922万人，与之对应，2000年底江苏省进行了大规模的撤县设区，市辖区从44个增加到50个，详见2000年12月21日国务院［国函130号］、［国函131号］、［国函132号］、［国函133号］、［国函136号］批复。浙江2001年市辖区从26个增加到29个，详见2000年5月20日国务院［国函46号］批复、2000年12月30日国务院［国函138号］批复、2001年2月2日国务院［国函13号］批复。

第四节 实证模型设定

根据第三章第二节的原理分析，设定如下经验模型：

$T_{ij} = \alpha \overline{T}_{ij} + \beta T_i + \gamma D_{ij} + \delta X_{ij} + \varepsilon_{ij}$，其中的时间标量全部省略。

$\overline{T}_{ij} = \sum \omega_{ps} T_{ps}$，$p \neq i$ 或者 $s \neq j$，表示 i 地区 j 县之外各县的某种加权平均宏观税负，所有的加权系数都是武断的，Devereux 等（2007）在考察美国香烟和汽油消费税政府间互动的研究中指出了四种加权方案：①将其他地区的税率进行简单的算术平均，即 $\omega_{ps} = \dfrac{1}{n-1}$，n 为所有地区的数目，显然这种加权方案的效果不可能太理想。②将与其接壤的地区的税率进行平均化，非接壤地区的税率无影响。③对第二种进行改进，考虑了边界的长短和人口密度等因素。④考虑到香烟的走私因素，将香烟消费税最低的三个州的平均税率作为外部加权税率。考虑到本章所关注的省以下县市地理结构和我国各地招商引资竞争的实际，县与县之间是否接壤并不是最重要的。我们创造性地利用两种加权方案：①地区内的其他县加权平均税率，即本地区之外的县权重为零。②将所有县按照人均 GDP 排序并分若干组，组内各县取平均税率，组间县与县没有税率互动。无论采用何种加权技术，根据第二节的原理我们都预期 $\alpha > 0$。

T_i 是对应 i 地区市辖区的宏观税负，前面我们已经分析过 β 的符号首先与省以下财政体制有关，"省直管县"下市与县之间竞争效应显著，类似于县与县之间的横向竞争，故可以预期 $\beta > 0$。而"市管县"下市与县之间既可能有竞争效应，也可能存在"市刮县"或"市带县"效应，因此 β 的符号是不确定的。

D_{ij} 是政府间财政分权变量，我们将在不同情形下分别选择市级财政集中度指标（Fiscon）或县级财政收入占比（Decen），如第三章第二节分析，γ 的符号不能确定，取决于相关参数。X_{ij} 是宏观控制变量，我们将选择人口（POP）、人均 GDP（GDPPC）、FDI 相对 GDP 的规模（FDI）以及产业结构指标（Indarg）。

第五节　数　据

以实证方法考察省以下财政体制特征，必须要考虑到行政区划调整因素。1999 年以来，江苏、浙江两省省以下行政区划屡有调整，包括区县级和乡镇级，这里我们仅关注区县级区划调整。

1999 年底，江苏省辖 13 个地级市，33 个县、31 个县级市、44 个市辖区。至 2003 年底，辖 13 个地级市、27 个县级市、26 个县、53 个市辖区。至 2006 年底，辖 13 个地级市、27 个县级市、25 个县、54 个市辖区。由于通过公开渠道只能获得江苏省 2004 年之前的各县财政总收入数据，我们不得不缩小考察的时间区间（1999~2003 年）。这一期间与本书有关的区县级主要行政区划调整有：2000 年 12 月 21 日，国务院〔国函 130 号〕批复：同意撤销邗江县，设立扬州市邗江区，以原邗江县的行政区域为邗江区的行政区域；同日国务院〔国函 131 号〕批复：同意撤销江宁县，设立南京市江宁区，以原江宁县的行政区域为江宁区的行政区域。同日国务院〔国函 132 号〕批复：撤销县级淮安市，设立淮安市楚州区，以原县级淮安市的行政区域为楚州区行政区域；撤销淮阴县，设立淮安市淮阴区，以原淮阴县的行政区域为淮阴区的行政区域。同日国务院〔国函 133 号〕批复：撤销县级锡山市，设立无锡市锡山区和惠山区；撤销无锡市马山区，将原马山区的行政区域和原县级锡山市的 9 个镇并入无锡市郊区，同时将无锡市郊区更名为滨湖区。同日国务院［国函 136 号］批复：撤销县级吴县市，设立苏州市吴中区和相城区。2002 年 4 月 3 日，国务院［国函 22号］批复：同意撤销县级武进市，设立常州市武进区。同日国务院［国函 23 号］批复：同意撤销南京市浦口区和江浦县，设立新的南京市浦口区，以原浦口区和原江浦县的行政区域为浦口区的行政区域；撤销南京市大厂区和六合县，设立南京市六合区，以原大厂区和原六合县的行政区域为六合区的行政区域。同日国务院［国函 24 号］批复：同意撤销丹徒县，设立镇江市丹徒区，以原丹徒县的行政区域为丹徒区的行政区域。2003 年 12 月 18 日，国务院［国函 130 号］批复：同意撤销盐都县，设立盐城市盐都区，盐城市城区更名为盐城市亭湖区。2004 年 1 月 15 日，国务院［国函 6 号］批复：撤销宿豫县，设立宿迁市宿豫区。① 之后，区县级行政划分基本保持稳定，但乡镇、街道在区、县之间的划转仍然时有发生，这其中的经济逻辑虽然有趣但不是本章研究重点，故略去不谈。我们的实证分析样本最后实际选择了 52 个县（含县级市）：溧水县、高淳县、江阴市、宜兴市、丰县、沛县、铜山县、睢宁县、新沂市、邳州市、溧阳市、金坛市、常熟市、张家港市、昆山市、吴江市、太仓市、海安县、如东县、启东市、如皋市、通州市、海门市、赣榆县、东海县、灌云县、灌南县、涟水县、洪泽县、盱眙县、金湖县、响水县、滨海县、阜宁县、射阳县、建湖县、东台市、大丰市、宝应县、仪征市、高邮市、江都市、丹阳市、扬中市、句容市、兴化市、靖江市、泰兴市、姜堰市、沭阳县、泗阳县、泗洪县。其中需要注意的是，常熟市为省计划单列，但行政上仍然属于苏州市。主要统计指标见表 3-8。

① 相关信息取自中国行政区划网，http://www.xzqh.org/。

表3-8 江苏省主要变量统计描述（1999~2003年）

变量	指标解释	观察值	平均值	标准差	最小值	最大值
Rtax	县宏观税负	260	0.0648	0.0242	0.0273	0.1554
Otax1	地区内加权	260	0.0648	0.0207	0.0297	0.1375
Otax2	按人均GDP分组加权	260	0.0646	0.0169	0.0445	0.1136
Vtax	市辖区宏观税负	260	0.1413	0.0407	0.0695	0.2454
Decen	县级收入占总收入比重	260	0.6043	0.0934	0.4096	0.8671
Fiscon	市级财政集中度	260	4.4701	0.4043	3.3047	5.1622
Transfer	非返还性补助占本年支出比例	260	8.3508	0.6826	7.2130	10.4168
Lpop	人口对数	260	0.4266	0.1054	0.2380	0.6761
Lgdppc	人均GDP对数	260	0.3282	0.0422	0.2296	0.4462
Ind	第二产业占比	260	0.0362	0.0486	0.0002	0.2902
Ser	第三产业占比	260	0.0586	0.0171	0.0230	0.1094
FDI	FDI占本地GDP比重	260	0.6043	0.0934	0.4096	0.8671
Lvpop	市辖区人口对数	260	0.3401	0.1131	0.0463	0.6282
Lvgdppc	市辖区人均GDP对数	260	0.3609	0.1281	0.0342	0.6671

注：（1）Otax1为地区内加权，即某县同一地区内的其他各县取算术平均，跨地区权重=0。
（2）Otax2为按人均GDP从小到大排序后的分组加权，即某县同一组中的其他各县取算术平均，跨组权重=0。因江苏省样本中有52个县，正好可分为4组，每组13个县，组内取其他各县的算术平均。
（3）市级财政集中度Fiscon某地区市级财政收入占市县财政总收入的比重。
（4）非返还性补助占本年支出比例Transfer是指扣除税收返还补助之后的非自有财力占本年支出的比重，具体计算公式为（收入合计−本年收入−税收返还）÷本年支出。
（5）人口指标，单位为万人。人均GDP以江苏省消费者物价指数平减，为1990年不变价格。
资料来源：《江苏统计年鉴》、《江苏财政年鉴》、《中国财政年鉴》、《全国地市县财政统计资料》、《地方财政统计资料》。

1999年底，浙江省辖1个地区、10个地级市、38个县、23个县级市、1个自治县、24个市辖区。2006年底，浙江省辖地级市不变，市辖区增8个，县级市22个、县35个、自治县1个。由于宁波地区是国家级计划单列市，财政上直接与中央发生关系，故我们将其从样本中剔除。这一期间与本书有关的区县级主要行政区划调整有：2000年5月20日，国务院〔国函46号〕批复：撤销丽水地区和县级丽水市，设立地级丽水市，丽水市设立莲都区，以原县级丽水市的行政区域为莲都区的行政区域。丽水市辖原丽水地区的青田县、缙云县、遂昌县、松阳县、云和县、庆元县、景宁畲族自治县和新设立的莲都区。

原丽水地区的龙泉市由省直辖。2000 年 12 月 30 日，国务院〔国函 138 号〕批复：撤销金华县，设立金华市金东区。2001 年 2 月 2 日，国务院〔国函 13 号〕批复：同意撤销萧山市，设立杭州市萧山区，以原县级萧山市的行政区域为萧山区的行政区域。撤销余杭市，设立杭州市余杭区，以原县级余杭市的行政区域为余杭区的行政区域。2001 年 12 月 10 日，国务院〔国函 161 号〕批复：同意撤销衢县，设立衢州市衢江区。与江苏省类似，浙江的乡镇一级行政区划变更也很频繁。最后我们选择了 58 个县（包括县级市）作为实证分析样本，具体是富阳市、临安市、建德市、桐庐县、淳安县、余姚市、慈溪市、奉化市、象山县、宁海县、瑞安市、乐清市、洞头县、永嘉县、平阳县、苍南县、文成县、泰顺县、海宁市、平湖市、桐乡市、海盐县、嘉善县、德清县、长兴县、安吉县、诸暨市、上虞市、嵊州市、绍兴县、新昌县、兰溪市、东阳市、义乌市、永康市、武义县、浦江县、磐安县、江山市、常山县、开化县、龙游县、岱山县、嵊泗县、临海市、温岭市、仙居县、天台县、三门县、玉环县、龙泉市、青田县、庆元县、缙云县、遂昌县、松阳县、云和县、景宁自治县。具体统计指标见表3–9。

表3-9 浙江省主要变量统计描述（1999~2006 年，宁波除外）

变量	指标解释	观察值	平均值	标准差	最小值	最大值
Rtax	县宏观税负	424	0.0854	0.0256	0.0270	0.1621
Otax1	地区内加权	424	0.0854	0.0207	0.0296	0.1294
Otax2	人均 GDP 分组加权	424	0.0854	0.0176	0.0464	0.1109
Vtax	市辖区宏观税负	424	0.1265	0.0279	0.0582	0.2003
Decen	县级收入占总收入比重	424	0.5449	0.0843	0.3886	0.9799
Transfer	非返还性补助占本年支出比例	424	0.4702	0.1942	0.1541	1.0802
Lpop	人口对数	424	3.8089	0.6019	2.0844	4.8187
Lgdppc	人均 GDP 对数	424	8.6906	0.5956	7.2395	10.2337
Ind	第二产业占比	424	0.5108	0.1100	0.2068	0.7073
Ser	第三产业占比	424	0.3379	0.0626	0.2120	0.5767
FDI	FDI 占本地 GDP 比重	424	0.0181	0.0245	0.0000	0.1412

续表

变量	指标解释	观察值	平均值	标准差	最小值	最大值
Lvpop	市辖区人口对数	424	4.4684	0.6659	3.2850	6.0263
Lvgdppc	市辖区人均 GDP 对数	424	9.2492	0.4760	8.1400	10.2680
VFDI	市辖区 FDI 占比	424	0.0320	0.0284	0.0026	0.1162
Vind	市辖区第二产业占比	424	0.5066	0.0632	0.3607	0.6246
Vser	市辖区第三产业占比	424	0.4154	0.0571	0.2853	0.5157

注：（1）Otax1 为地区内加权，即某县同一地区内的其他各县取算术平均，跨地区权重=0。

（2）Otax2 为按人均 GDP 从小到大排序后的分组加权，即某县同一组中的其他各县取算术平均，跨组权重=0。因浙江省除宁波外样本中有 58 个县，可分为 3 组，收入最低的第一组有 17 个县，第二、第三组每组 18 个县，组内取其他各县的算术平均。

（3）县级财政收入占比 Decen 为某县财政收入占该县所提供财政总收入的比重。

（4）非返还性补助占本年支出比例 Transfer 是指扣除税收返还补助之后的非自有财力占本年支出的比重，具体计算公式为（收入合计–本年收入–税收返还）÷本年支出。

（5）人口指标，单位为万人。人均 GDP 以浙江省消费者物价指数平减，为 1990 年不变价格。

资料来源：《浙江统计年鉴》、《浙江财政年鉴》、《中国财政年鉴》、《全国地市县财政统计资料》、《地方财政统计资料》。

第六节 实证结果

本章所考察的省以下财政体制包含了同级政府间的横向财政互动和上下级政府间的纵向财政互动，自变量和因变量可能同时与某些未被观测到的因素相关，这就产生了内生性问题。目前，内生性问题尚无完美的解决办法，工具变量法是解决内生性问题的常用方法，但其困难在于工具变量的选择，工具变量选择不当非但不能消除内生性，还可能产生更严重的问题。基于此，本章仅报告最基本的面板数据固定效应模型和随机效应模型。同时，由于横向税收竞争指标 Otax 的选择在很大程度上是武断的，因此，我们分别尝试地区内平均和按人均 GDP 分组的组内平均两种代理指标，以判断回归结果的稳健性。

一、江苏

在所考察的时间段内（1999~2003 年），江苏是典型的市管县体制。那么我们来看江苏省省以下县与县、县与市之间的税收互动实证检验结果。

表 3-10 中的横向税收竞争指标是 Otax，它在 Fe1、Re1 两个模型中表示地级市内本县除外的其他各县算术平均宏观税负。Fe1、Re1 分别表示固定效应和随机效应异方差稳健性面板数据估计模型。由于这两个模型采用了异方差稳健性（Robust）估计，普通的 Hausman 检验无法判断随机效应和固定效应哪种设定更合适，需要稳健 Hausman 检验（Robust Hausman Test）来实现。这实际上是一个约束过度识别检验，通过这种方法，我们得到 Sargan-Hansen 统计量为 34.466，对应 P 值为 0.000，因此可以在 0.01 的显著性水平上拒绝随机效应模型，固定效应模型更可取。类似地，Otax 指标在 Fe2 和 Re2 模型中表示按人均 GDP 区间分组后，组内本县除外的各县算术平均宏观税负。同上所述，稳健 Hausman 检验给出 Sargan-Hansen 统计量为 55.310，对应 P 值为 0.0000，说明固定效应模型更可取。

从固定效应模型的估计结果可以看到，县际之间的横向竞争效应是显著的，周边县的平均宏观税负下降 1%，本县的税负水平将下降约 0.3~0.4 个百分点，当然这种税收互动主要是通过税收减免、税收优惠等广义征管效率的变动来实现的；县与市的纵向税收竞争效应尤其是"市刮县"特征不显著，但税权市级集中度指标 Fiscon 显著，且符号为负，表明在江苏省内财力向市级集中程度越小，县域税源培育积极性越高，本地经济的造税功能越强。实际上，1999~2006 年江苏省市级财力集中度从 37.32% 下降到 22.07%（《江苏财政年鉴》），放权于县会导致经济活力上升，单位 GDP 可以创造更多的税收，也即表现为宏观税负上升。非税收返还性转移支付可部分缓解纵向财政竞争，将降低下级政府过度征税的激励，体现在回归符号上为负，但 Transfer 的影响系数较小，在-0.002 左右。人口变量体现了公共服务提供的规模经济含义，而人均 GDP 变量则体现了基础设施等公共物品使用的规模经济含义，故两者与宏观税负水平负相关。Indarg 是人工构造的一个变量，以产业结构的相对变化反映地区的工业化进程，工业相对农业单位 GDP 的创税功能强，故 Indarg 指标的上升意味着宏观税负水平的提高。FDI 指标的符号由两种效应决定，首先，各地为竞争 FDI，实际税率趋于降低；其次，FDI 的引入往往能促进本地经济发展，带动经济集聚，产生集聚租金，提高单位 GDP 的创税能力。如果前者效应强于后者，则 FDI 指标的估计系数为负；反之，如果后者效应强于前者，估计系数符号为正。从实证结果来看，第二种效应占优。

表 3-10 江苏省省以下县（县级市）宏观税负决定

Variable	Fe1	Re1	Fe2	Re2
Otax	0.407***	0.463***	0.308**	0.360***
	(0.108)	(0.076)	(0.119)	(0.086)
Vtax	−0.002	0.02	0.001	0.038
	(0.031)	(0.022)	(0.03)	(0.022)
Decen	−0.005	−0.026	0.009	−0.027*
	(0.024)	(0.014)	(0.022)	(0.015)
Fiscon	−0.056***	−0.034***	−0.079***	−0.045***
	(0.017)	(0.01)	(0.014)	(0.012)
Transfer	−0.001	−0.002**	−0.002**	−0.003**
	(0.001)	(0.001)	(0.001)	(0.001)
Lpop	−0.102*	−0.017***	−0.113*	−0.016***
	(0.056)	(0.005)	(0.058)	(0.005)
Lgdppc	−0.01	−0.005	−0.028**	−0.009
	(0.009)	(0.004)	(0.011)	(0.005)
Indarg	0.001***	0.001***	0.002***	0.002***
	(0.00)	(0.00)	(0.000)	(0.000)
FDI	0.074**	0.066**	0.087***	0.092***
	(0.033)	(0.029)	(0.027)	(0.028)
Year 2000	0.004***	0.002*	0.006***	0.003**
	(0.001)	(0.001)	(0.001)	(0.001)
Year 2001	0.007***	0.006***	0.011***	0.007***
	(0.002)	(0.001)	(0.002)	(0.001)

Variable	Fe1	Re1	Fe2	Re2
Year 2002	0.011***	0.008***	0.018***	0.01***
	(0.003)	(0.002)	(0.003)	(0.002)
Year 2003	0.016***	0.012***	0.023***	0.013***
	(0.004)	(0.002)	(0.004)	(0.002)
N	260	260	260	260

注：Otax 在模型 Fe1 和 Re1 中为地级市内本县除外的各县算术平均宏观税负，在模型 Fe2 和 Re2 中是按人均 GDP 区间分组后，组内本县除外的各县算术平均宏观税负。括号内的数字是标准差，* 表示 p < 0.1；** 表示 p < 0.05；*** 表示 p < 0.01。

二、浙江

浙江省省以下财政体制不同于江苏省，"省直管县"是其典型特征，[1] 这一体制将如何改变或者说在多大程度上改变省以下政府间横向和纵向竞争关系？我们将构建一个与江苏类似的实证模型，来探讨这一问题。由于宁波市是国家级计划单列市，其财政结算关系不同于其他地区，故我们将其剔除样本。指标选择方面，也有一点变动，由于浙江财政上是"省直管县"，因此在江苏模型中用到的市级财政集中度指标 Fiscon 在浙江模型中就没有了意义。其他指标含义相同。样本空间是 1999~2006 年，比江苏样本要大。

Otax 指标为地级市内本县除外的各县算术平均宏观税负的情形由表 3-11 的固定效应模型 Fe1 和随机效应模型 Re1 给出。稳健 Hausman 检验的 Sargan-Hansen 统计量为 53.003，对应 P 值为 0.0000，这说明固定效应模型更可取。Otax 指标按人均 GDP 分组算术平均的情形由固定效应模型 Fe2 与随机效应模型 Re2 给出。稳健 Hausman 检验的 Sargan-Hansen 统计量为 123.677，对应 P 值为 0.0000，故说明固定效

---

[1] 笔者的前期研究发现，浙江省的省管县体制不同于其他兄弟省份，尽管浙江仍然保留了地市级政府，并且县仍然在形式上行政隶属于地级市，但县级主要官员的任命很大程度上直接受省级政府的控制，因此浙江省的"省管县"体制更接近于财政和行政合一的"省直管县"体制，而其他省份则更接近于本章定义的"准省管县"体制。

应模型更可取。与江苏省的回归结果相比较，浙江省省以下县级之间也存在明显的横向竞争效应，这表现在各模型对 Otax 的估计系数均为正，但与江苏省相对应的模型相比所估计的系数要小，这很可能与浙江省"块状"的专业化分工经济有密切关系，因为地区间经济结构同构化程度越高，横向竞争将表现得越激烈；反之，地区间专业化分工程度越高，竞争中有协作，横向竞争，尤其是税收竞争的激烈程度就相对缓和；与江苏模型相比，浙江模型中的纵向税收竞争变量 Vtax 同样不显著，这说明县与市辖区之间的关系很可能比较复杂，很难系统性地判定是"市刮县"还是"市带县"。在过去的 20 年中，省、市级的相关经济管理权不断下放到县，形成了四轮"强县扩权"浪潮，浙江省正从"准省直管县"体制走向行政、财政相统一的"省直管县"体制；[①] Decen 和 Transfer 两个变量都是"财政权利空间"中的变量，收入分权变量 Decen 都是非常显著的（0.01 的显著性水平上），符号为负，这与江苏模型中该变量不显著存在很大的不同。变量 Transfer 在两对模型中也都是显著的（0.1 的显著性水平上），并且估计系数明显比江苏模型中的估计系数要大，这与江苏模型中的结果也存在一定差异，那里转移支付指标在某些情形下甚至并不显著。"财政权利空间"中的 Decen 和 Transfer 两变量在浙江模型中显著，而在江苏模型中的大多数情形下不显著，这可能与财政"省直管县"和"市管

[①] 根据浙江省发展与改革研究所所长卓永良的文章，自 20 世纪以来浙江实施了四轮较有代表性的强县扩权改革。第一轮是 1992 年对萧山、余杭、鄞县、慈溪等 13 个经济强县进行扩权，扩大基本建设、技术改造和外商投资项目等方面的审批权。第二轮是 1997 年部分强县试行部分地级市经济管理扩权改革，主要有基本建设和技术改造项目、对外经贸、金融审批管理权，以及计划、土地管理权等 11 项。第三轮是 2002 年 20 个县市区的 313 项扩权改革，将 313 项原属于地级市经济管理的权限下放给绍兴、温岭、慈溪、诸暨、余姚、乐清、瑞安、上虞、义乌、海宁、桐乡、富阳、东阳、平湖、玉环、临安、嘉善 17 个县市和杭州的萧山、余杭，宁波的鄞州 3 个区。这些权限涵盖了计划、经贸、外经贸、国土资源、交通、建设等 12 个大类，基本囊括了省、市两级政府经济管理权限的所有方面。第四轮是 2006 年义乌市的强县扩权改革，选择义乌为试点，在不改变其由金华市领导的管理体制前提下，进一步扩大义乌市政府的经济社会管理权限，除规划管理、重要资源配置、重大社会事务管理等经济社会管理事项之外，赋予义乌市与设区的市同等的经济社会管理权限（卓勇良：《向基层政府放权——浙江省强县扩权和省直管县的实践》，《社会科学报》2009 年 9 月 3 日）。

表3-11　浙江省省以下县（县级市）宏观税负决定

Variable	Fe1	Re1	Fe2	Re2
Otax	0.349***	0.363***	0.204*	0.202***
	(0.085)	(0.064)	(0.106)	(0.07)
Vtax	0.015	0.015	0.06	0.068*
	(0.052)	(0.038)	(0.05)	(0.038)
Decen	−0.096***	−0.096***	−0.096***	−0.096***
	(0.018)	(0.012)	(0.018)	(0.013)
Transfer	−0.023*	−0.016**	−0.028***	−0.018***
	(0.013)	(0.006)	(0.013)	(0.007)
Lpop	−0.023	−0.019***	−0.022	−0.018***
	(0.016)	(0.003)	(0.015)	(0.003)
Lgdppc	−0.019***	−0.02***	−0.019***	−0.021***
	(0.005)	(0.003)	(0.005)	(0.003)
Indarg	0.002***	0.002***	0.002***	0.002***
	(0.001)	(0.000)	(0.001)	(0.000)
FDI	0.188***	0.182***	0.223***	0.216***
	(0.043)	(0.034)	(0.049)	(0.037)
Year 1999	−0.04***	−0.039***	−0.055***	−0.055***
	(0.007)	(0.005)	(0.006)	(0.004)
Year 2000	−0.033***	−0.032***	−0.045***	−0.045***
	(0.006)	(0.004)	(0.005)	(0.003)
Year 2001	−0.015***	−0.014***	−0.022***	−0.022***
	(0.005)	(0.003)	(0.005)	(0.003)
Year 2002	−0.016***	−0.016***	−0.02***	−0.021***
	(0.004)	(0.002)	(0.004)	(0.002)
Year 2003	−0.013***	−0.013***	−0.016***	−0.016***
	(0.003)	(0.002)	(0.003)	(0.002)
Year 2004	−0.013***	−0.013***	−0.02***	−0.02***
	(0.003)	(0.003)	(0.002)	(0.002)
Year 2005	−0.005***	−0.004**	−0.006***	−0.006***
	(0.001)	(0.002)	(0.001)	(0.002)
N	424	424	424	424

注：Otax 在模型 Fe1 和 Re1 中为地级市内本县除外的各县算术平均宏观税负，在模型 Fe2 和 Re2 中是按人均 GDP 区间分组后，组内本县除外的各县算术平均宏观税负。括号内的数字是标准差，＊表示 $p < 0.1$；＊＊表示 $p < 0.05$；＊＊＊表示 $p < 0.01$。

县"体制差异相关。"市管县"体制下"行政权力空间"中的行政配置力挤出"财政权利空间"中分权和转移支付等制度化变量的配置力，不利于分权和转移支付制度的演化、优化，但这其中的具体机制尚待进一步研究；其他控制变量的估计系数显著性程度、系数大小以及经济含义与江苏模型中的类似，不再赘述。

第七节　本章小结

2009 年初，中央一号文件提出推进省直管县财政体制改革，7 月财政部公布了《关于推进省直接管理县财政改革的意见》。意见指出，改革的总体目标是，2012 年底前，力争全国除民族自治地区外全面推进"省直管县"财政改革。2010 年，中央一号文件再次指出要继续推进省直管县财政管理体制改革。目标明确，但我们仍然面临着若干技术性问题：如何事先判断改革的必要性，并按照轻重缓急有序地推进此项改革？如何事后有效地评价各省"省直管县"改革的效果？本章将给出一个初步的理论和实证检验框架。

（1）本章将财政体制理解为同级政府和上下级政府之间相互发生作用的显性制度安排（如程式化的税收分享和转移支付）和隐性制度安排（如隐蔽的横向和纵向财政竞争）。这一框架可以让我们在三维空间——"财政地理空间"、"财政权利空间"、"行政权力空间"中考察省以下的政府间横向财政互动和纵向财政互动以及两种互动对宏观税负的影响，这为理解中国式分权的具体内涵提供了一个新视角。

（2）按照本章对省以下财政体制制度内涵的理解，江苏和浙江两省省以下比较财政体制的实证结果表明，两省的名义财政体制虽然不同，但其制度内涵却差异不大，其中横向财政竞争始终是显著的、可识别的，而纵向财政竞争一般不显著。这可能说明，经济发展水平决定其财政体制的真实内涵。就转移支付而言，"省直管县"体制对其更敏感，这可能是因为"市管县"体制中资源的行政性配置替代制度化的财政权利配置，进一步，这也意味着政府职能从经济建设向公共服务转型和省以下行政体制重构是财政分权体制、转移支付制度优化的前提条件。

（3）"准省直管县"体制，即财政上"省直管县"，而行政上"市管县"，更容易发生"市刮县"，因为市缺少"市带县"的财政收入激励，却拥有在经济资源上"市刮县"的行政权力。因此，当前推行"省直管县"体制改革的过程中，县市行政体制不变，财政省直管县先行，这将在很大程度上激励"市刮县"机会主义行为，不利于县域经济的发展，从而使"省直管县"改革的效果大打折扣。遗憾的是，受篇幅所限，本章未能针对标准的"准省直管县"的体制类型进行实证检验。

（4）省以下财政体制改革的各个方面有轻重缓急，同时经济发展水平差异也内生出多样化的财政体制需求，"一刀切"的改革肯定会带来巨大的社会成本，但在中央—地方信息不对称的条件下，"一刀切"的策略可能是无奈的次优选择。本章所提供的框架为中央缓解信息不对称约束，更加准确地判断各地区基本的县市财政经济关系提供了一个可行的参考方案，这使得多样化制度需求的实现成为可能。本框架虽然是初步的，实证检验也受到国家相关财政数据可得性的约束，但相信如果能够在此基础上进一步优化模型，利用更加精确的政府间财政结算数据，完全可以较为准确地估算各地政府间财政互动关系，进而对"省直管县"体制改革的必要性和效果做出较为客观的评价。

（5）该框架很容易进一步拓展，如可以比较省以下不同财政体制的公共支出均衡化效应，也可以比较特定地区"省直管县"改革前后县市财政互动关系的变化并评价公共支出均衡化的效果等。

（6）本书还有很多有待完善和发展之处。例如，在本章中没有考虑政府职能转变与体制转变的关系，实际上在不同的政府职能范式下，相同的体制转变取向可能获得完全不同的社会均衡结果。在建设型政府职能范式下，体制设计主要要规避行政性垄断（割据）造成的市场非一体化效率损失，行政和财政体制的扁平化很可能会加剧这种行政性垄断竞争，基于市场力量的城乡一体化过程（经济聚集—扩散机制）在"省直管县"体制改革下反倒可能会受到阻隔（汤玉刚，2007；刘尚希，2009；何显明，2004）。而市场经济加服务型政府不存在这个困境，因为经济的集聚和扩散主要是一个市场过程，财政公平和公共品供给效率的改善主要是一个政府过程。因此，政府职能转变的步伐将约束财政和行政体制改革的进程。再如，在技术层面，利用某一税收负担不可转嫁的税种作为研究对象可能更好，这就要考虑税收归宿问题。现实具有复杂性，计量结果具有参考价值，但不是可以完全信赖的政策工具，其有效性一方面依赖于计量技术本身的发展，另一方面依赖于研究者对不同计量方法的选择，因此，在政策实践中配合针对性的调查研究是非常必要的。总之，尽管我们心中仍存有很多未解之谜，但我们相信，沿此方向的学术努力将具有很强的理论和政策价值，本章仅为抛砖引玉，希望能为基于中国财政改革实践的比较实证财政体制研究贡献一点力量。

第四章 政府间财政互动与乡镇层面的"税权交易"现象

第一节 引 言

分税制改革之后,"买税卖税"现象在我国中西部地区的基层政府,尤其是在乡镇一级政府间浮现出来,并呈蔓延之势,[①] 我们称为税权交易。它是指地方政府、财税机关或个人为了自身利益,违反税法,将征税权作为一种商品,按照议定的价格(手续费),在分属两个不同税收管辖区的财税机关之间进行转让的行为。具体来说,它是指"买税方"以支付手续费为诱饵,或以提供优惠税收待遇为条件,使用本辖区的完税证、税收缴款书、增值税专用发票等票据,向非本辖区的纳税人"卖税方"代开完税票据,将税款缴入"买税方"国库的行为。那么,为什么 A 乡镇要到 B 乡镇"买税"? B 乡镇又为什么愿意"卖税"给 A 乡镇? 税权交易何以发生? 我们认为税权交易是由基层政府上下级之间的"纵向竞争"机制引发的。分税制改革之后,税权向上集中,这种集中趋势在省—地市—县—乡镇之间逐级传递,上级政府

[①] 田毅、赵旭(2008)以中国西北的一个普通小镇——平城为例,记录了"垫税"、"买税"、"卖税"等隐藏在乡间的有趣财税现象。

为保住自身财力，往往对下级政府（税务机关）下达税收指标，这本质上是一种纵向税收竞争。而下级政府面对上级政府的行政权威，则展开了围绕完成税收任务的"创新"和隐藏税收增长能力的"创新"，其中富税区与贫税区之间自发达成的税权交易就是下级政府应对来自上级政府竞争的创新手段之一。

关于"买税卖税"现象的报道和研究是零星的、不完整的，有些甚至是片面的。有的研究者将这种现象归因于地方政府不合理的政绩观、地方税务官员的个人利益驱动、税务机关对跨区流动税收监管乏力等因素（刘丽萍，2006），而忽视了现象背后的制度因素。有的研究者认识到了省以下分税制扭曲与税收买卖之间的关系，但缺乏对制度背景的进一步剖析，缺乏严格的逻辑论证，从而也就无法客观地分析税权交易的积极面和消极面（苏中山和王信文，2000）。也有研究者将税权买卖置于一个上下级政府博弈的分析框架中，虽然注意到了纵向税权关系的性质，但其分析无意间落入了上级与下级就买税不买税、查处不查处而博弈的"猫捉老鼠"式的技术陷阱（王建琼和张静秋，2007）。本章将关注税权交易的制度背景，以及这种制度背景下的税权交易特征、社会税收负担变化、政府间纵向税收分权关系变动等问题。

在制度背景方面，李芝兰和吴理财（2005）分析了县乡压力型体制下的政府间纵向关系互动。他们指出，许多任务指标（包括财政收支指标）都是上级政府通过目标考核机制压下来的，农村基层政府位处权力底层，一方面不能拒绝执行上级政策，另一方面又要维护本身的利益，于是采用了"弱者的手段"应变——乡镇只能千方百计地"钻政策的空子"、灵活变通地施行政策。"弱者的手段"并不是达到某个预设目标的策略，而是"弱者"在压力下被动使用的某种行为选择，借此缓解来自"强者"的压力，避免任何与权威的正面对抗。他们调查发现，在不切实际的税收任务压力下，一些乡镇政府只能通过极端的手法，如"买税"、"卖税"，甚至运用财政"空转"的"技术"来完成上级定下的考核任务。有的乡镇甚至专门组织了一个班子，在外面"筹税"。

刘尚希（2007）也从另一个侧面指出，这种压力型体制在现行政治框架下，上级控制下级，下级服从上级。延伸到财权划分上，层级高的政府占有优势，而层级低的政府处于劣势。上级政府出于本级财政利益的考虑，自然会把较大税种、有增长潜力的税种划归本级政府，而把小税种或增长潜力不大的税种划归下一级政府。现行体制约束下片面追求"财权与事权相一致"的财政自治，反而造成了政府间的纵向竞争，加剧了制度失衡，这是一种被扭曲的分税制。李芝兰和吴理财（2005）、刘尚希（2007）强调的压力型体制成为本章税权交易分析的制度背景。

马骏（2003）从交易费用经济学的理论角度解释了"包税制"的兴起和衰落，他指出税收可以用三种不同的合同形式来征收：工资合同、固定租金合同与分成合同，一般而言"包税制"等同于固定租金合同。国家对于征税机制的选择实质上是一个合同选择问题，而合同的选择取决于与特定合同相对应的交易费用。尤其是他举到一个例子，在普鲁士，国家雇用一批在战争中受伤的士兵作为征税官员，由于自身的缺陷，这些士兵对于国家的依赖程度非常高，因而他们采取机会主义行为的动机就很低。正是借助这种方式，普鲁士克服了税收行政中的代理成本，从而在欧洲国家建立了最有效率的税收行政体制。反观我国经济高度分权、政治高度集权的压力型制度特征，地方基层政府在面临政治紧约束的情况下，征税激励得到强化，千方百计完成税收计划指标的压力促成了本章所考察的税权交易。其实，税收计划本身就是一种复杂的隐性动态合同，这种政府间纵向的合同关系又导致了基层政府间的横向税权交易合同。

本章写作思路还受到了经典税收竞争和政府竞争理论的影响。首先，经典理论认为地区之间税收关系是竞争性的，并主要研究地区间税收竞争是改善了资源配置还是恶化了资源配置。实证主义的公共选择理论假定政府具有天然的自我扩张倾向，得出税收竞争可以制约大政府，有利于税收—公共服务匹配，改进居民福利（Tiebout，1956；Brennan 和 Buchanan，1980）。而规范经济分析的税收竞争理论则天然假定存在一个仁慈的社会计划者，得出税收竞争使各地均衡税率低于社会最优，从而预算约束下的公共服务提供也不具效率（Zodrow 和 Mieszkowski，1986；Wilson，1986）。其次，最近联邦制国家中政府间纵向的税收竞争关系受到关注，不同层级政府征收的税收只要存在重叠的税基就可能存在纵向税收竞争，这种竞争往往会加重整个社会的税收负担，因为存在"公共鱼塘"效应，即各级政府都忽略自身提高税率造成的外部性，从而造成过度抽税（Flowers，1988；Johnson，1988、1991；Keen，1998）。Keen 和 Kotsogiannis 则在一个财政联邦制的框架下同时考虑了横向税收竞争和纵向税收竞争，探讨了财政联邦制与最优税收规模的关系（Keen 和 Kotsogiannis，2002）。另外，Breton 的研究指出政府是一个竞争性体系，不仅地区政府之间是竞争的，而且政府内部的部门之间以及不同层级的政府之间也具有竞争性（Breton，1996）。本章关注的税权交易涉及政府间的纵向税收竞争，竞争的方式是上级为下级制定税收计划指标，但与上述理论不同的是，纵向竞争导致了地方基层政府之间的合作而非竞争行为——税权交易。另外，我们除了重点关注税权的空间转移外，还考虑了税权的空间转换，即跨区和跨期税权交易。

第二节　跨区税权交易：一个简化的内核

为理解税权交易的实质，我们假设税权交易的主体是地方政府或地方税务机关，而把中间过程中出现的企业抽象掉。如表 4-1 中所列，A 乡镇是贫税区，上级给定的税收计划指标为 A（都以单位税权计量），仅凭自身财力无法完成上级下达的税收任务，并将面临惩罚（可能是非货币的），其效用函数可表示为 $U - h(A - A')$，$h \in (1, +\infty)$，其中，h 越大表明因未完成税收任务而受到的惩罚力度越大。而 B 乡镇是富税区，可以超额完成税收任务，超额会获得税收返还奖励，故其效用函数可表示为 $U' + k(B' - B)$，$k \in (0,1)$，k 越大表明对超额完成任务的奖励力度就越大。由于信息不对称，上级往往制订一个趋于平均化的税收计划，即对于贫税区的实际税收能力而言往往偏高，对于富税区的实际税收能力而言往往偏低。假定贫税区和富税区地方政府的目标是不同的，贫税区的目标是想方设法完成税收任务，而富税区的目标是在完成税收任务的基础上追求收入和效用最大化，在压力型体制内这种假定比同质性地假定每个地区都追求收入最大化来得更加真实，且使得数学论证更加简单。

表 4-1　税权交易关系

	A 乡镇（贫税区）	B 乡镇（富税区）
上级制订的税收计划	A	B
实际可征税收	A'（<A）	B'（>B）
税权交易前的效用	$U - h(A - A')$	$U' + k(B' - B)$
税权交易量	买入 $X = (A-A')/(1-f)$	卖出 $X = (A - A')/(1-f)$
单位税权成本	f（$\geq k$）	
税权交易后的税收	A	$B' - X = B' - (A - A')/(1-f)$
税权交易后的效用	U	$U' + k(B' - B - X) + fX = U' + k(B' - B) +$ $(f-k)(A - A')/(1-f)$
效用变化（交易后-交易前）	$h(A - A') > 0$	$(f-k)(A - A')/(1-f) > 0$

富税区 B 之所以愿意将税权出卖是因为它可以从与贫税区 A 的税权交易中获得比税收返还奖励更多的收入，故只有当 A 购买单位税权支付的成本 $f \geq k$，$f \in (0,1)$ 时，税权交易才可能发生。A 乡镇只有买入 $X = (A - A')/(1 - f)$ 的税收，才能在支付了买税成本之后刚好完

成税收任务 A，实现保留效用 U。而此时 B 乡镇对上级实际完成的税收为 B′– X，[①] 获得的超额奖励为 k(B′– B – X)，同时 B 乡镇还获得了卖税的收入 fX，故 B 乡镇最终的效用函数可以表示为 U′+ k（B′– B – X）+ fX。对照税权交易前后 A、B 两乡镇的效用函数，只要 f > k，税权交易后两者的福利都将得以增进。最后，如果考虑到上级对下级税收计划指标的动态设定，那么富税区更有动力隐藏税收超收，也就意味着其更有动机"卖税"，从而将税收超收的好处尽量留在本级政府，同时避免上级政府给本地区提出更高的税收计划指标。

第三节　跨区税权交易拓展：买税成本列支

前面的情景设定假设贫税区的买税成本只能由税收本身来消化，这是一种理想化的情形。现实中，买税成本往往是通过各种业务费的名义列支财政支出。如此，贫税区 A 只需要买入 A – A′的税收即可完成任务，与前面情形中必须买入（A – A′)/(1– f)，f ∈ (0,1) 的税收相比，税权交易量下降。与前述情形相似，税权交易后两地区的福利都得以改善（见表 4-2)。但买税成本列财政支出，这会增加地方政府的财政支出压力，表现在效用函数上就是税权交易后的效用为 U–f（A– A′)，而不是前述情形中的 U。显然，此种情形下税权交易后贫税区的效用增加小于前述情形，即（h – f)(A – A′) < h (A – A′)。再来看富税区的效用变化，由于其卖出税权较少，税权交易后的效用为 U′+ k(B′– B) + (f – k)(A – A′)，而不是前述情形中的 U′+ k(B′– B) + (f–

---

① 假定税权交易量只占 B 乡镇超额税收的一小部分，故 B′– X > B。或者假设 A 乡镇可以从多个富税区购买税权，这两种假定是等效的。

k)(A – A')/(1 – f)，其中 f > k。显然，此种情形下税权交易后富税区的效用增加较小，即(f – k)(A – A') / (1 – f) > (f – k)(A – A')。我们可以发现，由于税权交易成本可以列入本地财政支出，从而降低了税权交易量，虽然税权交易仍然可以改善贫税区和富税区的福利，但交易规模的下降导致两地区福利改进的程度下降。

表4-2　税权交易关系（买税成本列支）

	A 乡镇（贫税区）	B 乡镇（富税区）
上级制订的税收计划	A	B
实际可征税收	A'(< A)	B'(> B)
税权交易前的效用	U – h(A – A')	U' + k(B' – B)
税权交易量	买入 X = A – A'	卖出 X = A – A'
单位税权成本	f(≥ k)	
买税成本列财政支出	f X = f (A – A')	
税权交易后的税收	A	B' – X = B' – (A – A')
税权交易后的效用	U – f X = U – f(A – A')	U' + k(B' – B – X) + f X = U' + k(B' – B) + (f – k)(A – A')
效用变化（交易后-交易前）	(h – f)(A – A') > 0	(f – k)(A – A') > 0

第四节　跨区/跨期税权交易：税收负担与政府效用

　　当不存在跨地区税权交易的情况时，税权交易并未消失，而是发生在时间序列上，即跨期的税权交易，这表现在贫税区往往迫于上级税收指标压力而对企业征收"过头税"，或者富税区为隐藏税收实力、平滑税收增长而"藏富于民"。跨地区税权交易的存在客观上降低了贫税区征收"过头税"的激励，在一定程度上限制了"掠夺之手"。同时，富税区地方政府因税权交易的潜在收益而降低了藏富于民的激励，从而促进了地方税收征管效率的提高。也就是说，由于跨地区税权交易的存在，贫税区与富税区之间相对税收负担（相对于本地经济发展状况）趋于均衡化。

贫税区考虑的是如何完成税收任务，富税区考虑的则是在完成任务的基础上如何通过适度隐藏自身税收能力，平滑各年税收收入。贫税区因较紧的资源约束而不得不使得目标短期化，富税区较宽松的资源约束使得其行为目标更具长期化。假定跨期税权交易成本为零。

下面我们来分析三种情形下地方政府与经济体（企业）的福利状态：①既不存在跨区税权交易也不存在跨期税权交易。②仅存在跨期税权交易，而不存在跨区税权交易。③既存在跨区税权交易又存在跨期税权交易（见表4-3）。

表4-3 跨期/跨区税权交易：税收负担与政府效用

	A 乡镇（贫税区）	B 乡镇（富税区）
上级制订的税收计划	A	B
实际可征税收	A′（<A）	B′（>B）
本地经济当期税收负担	A′	B′
不存在跨区和跨期税权交易的地方政府效用	$U-h(A-A')+g(0)$	$U'+k(B'-B)+g(0)$
不存在跨区税权交易（仅存在跨期税权交易）		
跨期税权交易量	$X=A-A'$	$(1-\delta)(B'-B)$
本地经济当期税收负担	$A>A'$	$B+\delta(B'-B)<B'$
地方政府效用	$U-g_1(A-A')$（征"过头税"，甚至贷款缴税）	$U'+k[\delta(B'-B)]+g_2[(1-\delta)(B'-B)]$，$\delta\in(0,1)$（平滑收入，藏富于民）
存在跨区和跨期税权交易		
税权交易量	$X=A-A'$	$(1-\delta)[(B'-B)-\rho(A-A')]+\rho(A-A')$
跨区税权交易	$\rho X=\rho(A-A')$	$\rho X=\rho(A-A')$
跨期税权交易	$(1-\rho)X=(1-\rho)(A-A')$	$(1-\delta')[(B'-B)-\rho(A-A')]$
单位跨区税权交易成本	$f(\geq k)$	
跨区买税成本列支	$f\rho(A-A')$	
税权交易后的税收	A	$B+\delta'[(B'-B)-\rho(A-A')]$
本地经济当期税收负担	$A-\rho(A-A')$	$B+\delta'(B'-B)+(1-\delta')\rho(A-A')$
税权交易后政府效用	$U-f\rho(A-A')-g_1[(1-\rho)(A-A')]$	$U'+k\delta'(B'-B)+(f-k\delta')\rho(A-A')+g_2\{(1-\delta')[(B'-B)-\rho(A-A')]\}$

情形一：

当既不存在跨区税权交易也不存在跨期税权交易时，贫税区和富税区都按照实际可征税收征税，贫税区地方政府效用为 U－h（A－A′）＋g（0），即贫税区地方政府将受到惩罚，这种惩罚或者表现为上级补助的减少，或者表现为地方官员升迁概率的下降。同时，g(·) 是一个税收负担反应函数，对本地实际征税大于正常税收负担则降低本地经济生产率，进而是本地政府造成效用损失；相反，当对本地实际征税小于正常税负则有利于本地经济成长；实际征税正好等于正常税负时，g（0）＝0，本情形中即如此。在没有任何税权交易的情形下，富税区如实上缴税收 B′，政府效用 U′＋k(B′－B)＋g（0）＝U′＋k(B′－B)，显然超收部分将获得上级的税收返还奖励。各地区经济税收负担就是各地实际征收的税收 A′和 B′。

情形二：

地方政府，尤其是面临惩罚的贫税区地方政府对改变现状有很大的激励，在不能改变上级税收任务的情况下，通过跨期税权交易来改善地方政府自身福利的办法就被倒逼出来，典型的做法就是征收"过头税"、"寅吃卯粮"，将未来的税提前征收，这显然是将负担转嫁给明年或下一届政府。贫税区当年或当期完成了税收指标，避免了来自上级的"惩罚"，但此时地方企业的税收负担从 A′增加到 A。对于富税区，由于存在跨期税权交易的可能性，地方政府有动机隐藏实际税收能力，激励或来自平滑各年的税收波动，或来自藏富于民的"父爱主义"倾向，或来自避免因税收能力信息过度暴露而给自身造成新的任务压力。如果富税区地方政府对超额税收的暴露系数为 δ，δ∈(0,1)，那么跨期税权交易量为（1－δ）(B′－B)，这部分税权以一种类似于金融衍生品——期权的方式被地方政府保存下来。在未来，地方政府拥有向企业征收或不征收这部分税的权利，该权利的实施与否主要与本地经济发展状况有关。就当期而言，富税区经济的税收负担从情形一中的 B′下降到 $B + \delta(B′ - B)$。

比较情形二与情形一中地方政府的效用。对于贫税区，当跨期税权交易使地方政府效用增加时，即 $U - g_1(A - A′) > U - h(A - A′) + g_1(0) = U - h(A - A′)$ 时，跨期税权交易发生，整理得条件：$h(A - A′) > g_1(A - A′)$。也就是说，当贫税区地方政府因税收不达标所面临的惩罚大于因征收"过头税"对本地经济、进而对本地政府效用的影响时，跨期税权交易发生。同理，对于富税区，当 $U′ + k[\delta(B′ - B)] + g_2[(1 - \delta)(B′ - B)] > U′ + k(B′ - B)$ 时，[①] 跨期税权交易发生，整理得条件：$g_2[(1 - \delta)(B′ - B)] > k(B′ - B)(1 - \delta)$。也就是说，当富税区地方政府因超额完成税收任务获得的税收返还小于因"藏富于民"而带来的本地经济增长乃至本地政府效用增加时，跨期税权交易发生。

情形三：

如果地方政府同时能够进行跨期和跨区税权交易，对贫税区而言，地方政府可以通过跨期和跨区税权交易来实现其税收任务目标，设其中的一部分 $\rho(A - A′)$ 通过跨区税权交易来实现，剩余部分 $(1 - \rho)(A - A′)$ 通过跨期税权交易来实现，其中 $\rho \in [0,1]$。贫税区本地经济当期的税收负担为 $A - \rho(A - A′)$，显然这一负担小于等于 A（情形二的税收负担）。与第三节假定相一致，跨区税权交易成本列支。贫税区地方政府的效用为保留效用减去买税成本和"过头税"负效应，即 $U - f\rho(A - A′) - g_1[(1 - \rho)(A - A′)]$。比较情形三与情形二下贫税区地方政府的效用函数，当跨期和跨区税权交易组合能够改进地方政府福利时，跨区税权交易才有存在的合理性，这就要求 $U - f\rho(A - A′) - g_1[(1 - \rho)(A - A′)] \geq U - g_1(A - A′)$，整理得到如下条件：

---

① 这里忽略了跨期税权的未来贴现，以使我们研究的问题侧面更加突出，如果认为基层政府行为目标一般趋于短期化，这种忽略就是可以接受的。当然，也可以引入贴现因子和税权期权实施概率，进行更为严格的讨论。

$f\rho(A - A') \leq g_1(A - A') - g_1[(1 - \rho)(A - A')]$,

令 $\rho(A - A') = \sigma$，代入得 $U - f\rho(A - A') - g_1[(1 - \rho)(A - A')] = U - f\sigma - g_1[(A - A') - \sigma]$，对 σ 求导，并令导数为零，得

$f = g_1'[(A - A') - \sigma]$ (4-1)

这就是说，当跨期税权交易（"过头税"）对本地经济造成的边际伤害大于跨区税权交易（边际）成本时，$f < g_1'[(A - A') - \sigma]$，减少跨期税权交易而增加跨区税权交易成为地方政府的理性选择。

再来看富税区，与贫税区买入税权相对应，富税区卖出税权为 $\rho(A - A')$，同时设其跨期税权交易为 $(1 - \delta)[(B' - B) - \rho(A - A')]$。跨期和跨区税权交易后的税收为 $B' - \rho(A - A') - (1 - \delta')[(B' - B) - \rho(A - A')] = B + \delta'[(B' - B) - \rho(A - A')]$。本地经济当期的税收负担为实际可征之税减去跨期交易之税（隐藏税收部分），即

$B' - (1 - \delta')[(B' - B) - \rho(A - A')] = B + \delta'(B' - B) + (1 - \delta')\rho(A - A')$

比较情形三与情形二下富税区经济的当期税收负担，两式相减得

$(B' - B)(\delta' - \delta) + (1 - \delta')\rho(A - A')$

讨论情形三较情形二税收负担趋高的条件，令该式大于 0，因 $(1 - \delta')(A - A') > 0$，得：$\rho \geq \dfrac{\delta - \delta'}{1 - \delta'}\dfrac{B' - B}{A - A'}$，又假定超额税收边际暴露倾向不变 $\delta = \delta'$，$\rho \geq 0$ 恒成立，故因跨区税权交易，情形三税收负担较情形二高。可见，一旦引入跨区税权交易，富税区税收负担增加，而贫税区税收负担减少，两地区相对于实际经济的税收负担趋于收敛。

税权交易后富税区政府的效用函数包括四部分，保留效用 U'，跨区税权交易收入 $f\rho(A - A')$，超额完成税收任务的上级税收返还 $k\delta'[(B' - B) - \rho(A - A')]$，以及实际税收负担 $[B + \delta'(B' - B) + (1 - \delta')\rho(A - A')]$ 低于正常税收负担 (B') 对本地经济的刺激作用 $g_2\{(1 - \delta')[(B' - B) - \rho(A - A')]\}$，合在一起为

$U' + k\delta'(B' - B) + (f - k\delta')\rho(A - A') +$

$g_2\{(1 - \delta')[(B' - B) - \rho(A - A')]\}$

比较情形三与情形二下富税区地方政府的效用函数，当跨期和跨区税权交易组合能够改进地方政府福利时，跨区税权交易才有存在的合理性，这要求

$U' + k\delta'(B' - B)(f - k\delta')\rho(A - A') +$

$g_2\{(1 - \delta')[(B' - B) - \rho(A - A')]\} > U' + k[\delta(B' - B)] +$

$g_2[(1 - \delta)(B' - B)]$

化简得

$k(B' - B)(\delta' - \delta) + (f - k\delta')\rho(A - A') >$

$g_2[(1 - \delta)(B' - B)] - g_2\{(1 - \delta')[(B' - B) - \rho(A - A')]\}$

由于 $\delta = \delta'$,

$f\rho(A - A') + g_2\{(1 - \delta)[(B' - B) - \rho(A - A')]\} >$

$k\delta\rho(A - A') + g_2[(1 - \delta)(B' - B)]$

该式的含义是：富税区地方政府将 $\rho(A - A')$ 单位税权进行跨区交易所导致的净效用（卖税收入 + "藏税"导致的生产率提高）大于将这些税权的 δ 部分与上级分享所能产生的净效用（税收超收返还 + "藏税"导致的生产率提高）。这正是跨区税权交易的必要条件。

由于 $\rho(A - A') = \sigma$，代入富税区地方政府效用函数，对 σ 求导并令导数为零，

$$f = k\delta' + g_2'(1 - \delta) \tag{4-2}$$

即效用最大化的条件是单位税权的跨区交易边际收益正好等于"藏税于民"边际收益与税收返还边际收益的加权平均值，权重为超额税收暴露系数为 δ'。当 $f > k\delta' + g_2'(1 - \delta')$ 时，富税区增加跨区税权交易将提高其福利水平。

综合式（4-1）和式（4-2），$g_1' = k\delta' + g_2'(1 - \delta')$，意思是说贫税区与富税区跨区税权交易均衡状态的条件是，对贫税区多征一单位

"过头税"对本地经济和政府产生的边际负效用正好等于富税区单位税权的加权边际正效用。

第五节　税权交易中的纵向府际关系

税权交易的存在使政府间纵向财政关系发生变化。设贫税区和富税区税收的法定上级分成比例分别为 λ_A 和 λ_B。作为基准，不存在税权交易时贫税区上级税收 $\lambda_A A'$，本级税收 $(1 - \lambda_A)A'$。考虑到超额税收返还，富税区的上级净税收 $\lambda_B B' - k(B' - B)$，本级净税收 $(1 - \lambda_B)B' + k(B' - B)$，其中的 $k(B' - B)$ 项是上级对下级超额完成任务的税收返还。

由于税收超收返还、跨期税权交易和跨区税权交易三个因素的存在，实际税收集中指标的计算变得复杂。我们定义两种实际税收集中指标：第一种指标用上级从本地实际获得的税收收入除以本地实际税基，主要用来衡量上级政府税收对本地经济的影响程度，以 ζ 来表示。第二种指标用上级实际获得的税收除以税权交易后当期征得的实际总税收，主要用来衡量所征税收收入在不同层级政府之间的分配比例，以 η 来表示。两种指标各有利弊，前者能够更好地说明集权或分权程度以及集权或分权对经济本身的影响程度，但由于实际税基不可观测，只能从理论上估算。后者能够更好地说明政府收入在不同层级间的配置，根据政府公布的税收收入数据即可清楚地算出，但由于该指标包含了税权交易扭曲，不太适合用于说明分权或集权的经济效应。富税区的情形相对比较复杂，因此我们这里仅以富税区为例来计算和比较不同情形下的两种税收集中指标。根据以上思路，基准情形下，$\zeta_1 = \eta_1 = \dfrac{\lambda_B B' - k(B' - B)}{B'} = \lambda_B - k\left(1 - \dfrac{B}{B'}\right) < \lambda_B$。

不存在跨区税权交易，仅存在跨期税权交易时，贫税区跨期税权交易量为 $A - A'$，富税区跨期税权交易量为 $(1 - \delta)(B' - B)$。跨期税权交易后的总税收分别为 A 和 $B + \delta(B' - B)$。对贫税区而言，属于上级的税收是 $\lambda_A A$，剩余的 $(1 - \lambda_A)A$ 属于本级。对于富税区而言，考虑到有超额完成指标的税收返还奖励，属于上级的净税收 $\lambda_B[B + \delta(B' - B)] - k\delta(B' - B)$，而属于本级的净税收为 $(1 - \lambda_B)[B + \delta(B' - B)] + k\delta(B' - B)$。

富税区的税收集中指标一：

$$\zeta_2 = \frac{\lambda_B[B + \delta(B' - B)] - k\delta(B' - B)}{B'} = \lambda_B\left[\frac{B}{B'} + \delta\left(1 - \frac{B}{B'}\right)\right]$$
$$- k\delta\left(1 - \frac{B}{B'}\right)$$

富税区的税收集中指标二：

$$\eta_2 = \frac{\lambda_B[B + \delta(B' - B)] - k\delta(B' - B)}{B' + \delta(B' - B)} = \lambda_B - k\left(1 - \frac{B}{B + \delta(B' - B)}\right)$$

比较 ζ_1 和 ζ_2，$\zeta_2 - \zeta_1 = \left(1 - \frac{B}{B'}\right)(1 - \delta)(k - \lambda_B)$，前两项显然大于零，如果 $\lambda_B > k$，则 $\zeta_2 < \zeta_1$。一般情况下 $\lambda_B > k$ 是一个合理的假定，即法定上级名义分成比例大于超额税收返还比例，因此实际税权集中程度下降，跨期税权交易的存在使地方与上级政府的纵向财政竞争中处于更加有利的地位，上级获得的实际财力比重相对下降。[①]

比较 η_1 和 η_2，$\eta_2 - \eta_1 = k\left(1 - \frac{B}{B'}\right) - k\left(1 - \frac{B}{B + \delta(B' - B)}\right) = k\left[\frac{B}{B + \delta(B' - B)} - \frac{B}{B'}\right]$，整理得 $\eta_2 - \eta_1 = k\frac{(1 - \delta)B(B' - B)}{B'[B + \delta(B' - B)]} > 0$，即由于跨期税权交易选择权的存在，直接通过不同层级税收统计数据计算得出的富税区税权集中指标二却是相对提高的。这就是说，由于跨期税权交易扭曲了以上两个收入集权指标，以政府间实征税收计算的收入集权指标 η（这也是我们平时通常采用的办法）提高，而对实体

----

① 税收向上集中指标的下降并不必然说明地方政府收入占实际税基的比重上升，因为存在跨期税权交易。

经济而言的实际收入集权指标 ζ 却是下降的，跨期税权交易导致了隐蔽的分权化。由此可见，如果跨期税权交易是普遍的，那么财政分权研究中通常所采用的收入分权指标是有偏差的。

在同时存在跨区和跨期交易的情况下，贫税区上级和本级税收与情形二相同，分别为 $\lambda_A A$ 和 $(1-\lambda_A)A$，只不过总税收 A 的构成发生了变化，在给定边际（平均）跨区税权交易倾向 ρ 的条件下，贫税区税收计划与实际可征税收之差由跨区交易 ρ（A－A′）和跨期交易（1－ρ）（A－A′）来弥补（见表4-4）。

表4-4 跨期/跨区税权交易：收入分权

	A 乡镇（贫税区）	B 乡镇（富税区）
上级制订的税收计划	A	B
实际可征税收	A′（<A）	B′（>B）
名义上级分成比例	λ_A	λ_B
不存在跨区和跨期税权交易时上级税收	$\lambda_A A'$	$\lambda_B B' - k(B'-B)$
不存在跨区和跨期税权交易时本级税收	$(1-\lambda_A)A'$	$(1-\lambda_B)B' + k(B'-B)$
不存在跨区税权交易（仅存在跨期税权交易）		
跨期税权交易量	A－A′	$(1-\delta)(B'-B)$
跨期税权交易后的总税收	A	$B+\delta$（B′－B）
上级税收	$\lambda_A A$	$\lambda_B[B+\delta(B'-B)]-k\delta(B'-B)$
本级税收（含超收返还）	$(1-\lambda_A)A$	$(1-\lambda_B)[B+\delta(B'-B)]+k\delta(B'-B)$
存在跨区和跨期税权交易		
跨区税权交易	ρ X=ρ（A－A′）	ρ X=ρ（A－A′）
跨期税权交易	（1－ρ）X=（1－ρ）（A－A′）	$(1-\delta')[(B'-B)-\rho(A-A')]$
单位跨区税权交易成本		f（≥k）
跨区买税成本列支	f ρ（A－A′）	
税权交易后的总税收	A	$B+\delta'[(B'-B)-\rho(A-A')]$
上级税收	$\lambda_A A$	$\lambda_B\{B+\delta'[(B'-B)-\rho(A-A')]\}-k\delta'[(B'-B)-\rho(A-A')]$
本级税收（含超收返还和税权交易收入）	$(1-\lambda_A)A$	$(1-\lambda_B)\{B+\delta'[(B'-B)-\rho(A-A')]\}+f\rho(A-A')+k\delta'[(B'-B)-\rho(A-A')]$

富税区上级实际分得税收为：

$$\lambda_B\{B+\delta'[(B'-B)-\rho(A-A')]\}-k\delta'[(B'-B)-\rho(A-A')]$$

其中，第二项为向下级的超额税收返还。本级实际税收收入为（包括跨区税权交易收入）：

$$(1 - \lambda_B)\ \{B + \delta'\ [(B'-B) - \rho\ (A - A')]\} + f\rho(A - A') + k\delta'[(B'-B) - \rho\ (A - A')]$$

其中，第二项为跨区税权交易收入，第三项为上级超额税收返还。

富税区的收入集中指标一：

$$\zeta_3 = \frac{\lambda_B\ \{B + \delta'\ [(B'-B) - \rho(A - A')]\} - k\delta'\ [(B' - B) - \rho(A - A')]}{B'}$$

$$= \lambda_B\ \{\frac{B}{B'} + \delta'[(1 - \frac{B}{B'}) - \frac{\rho(A - A')}{B'}]\} - k\delta'\ [(1 - \frac{B}{B'}) - \frac{\rho(A - A')}{B'}]$$

比较 ζ_3 与 ζ_2，假定情形二与情形三下的超额税收暴露系数相同，即 $\delta = \delta'$，则

$$\zeta_3 - \zeta_2 = -\lambda_B\delta\frac{\rho(A - A')}{B'} + k\delta\frac{\rho(A - A')}{B'} = \delta\frac{\rho(A - A')}{B'}\ (k - \lambda_B)$$

同样假定 $\lambda_B > k$，则 $\zeta_3 < \zeta_2$，这说明地方在与上级的财政竞争中，由于同时具有了跨期税权交易工具和跨区税权交易工具，地方处于更加有利的地位，使上级获得的实际财力比重下降。

富税区的收入集中指标二：

$$\eta_3 = \frac{\lambda_B\ \{B + \delta'[(B' - B) - \rho(A - A')]\} - k\delta'[-(B' - B) - \rho(A - A')]}{B + \delta'\ [(B' - B) - \rho(A - A')]}$$

$$= \lambda_B - k\ \{1 - \frac{B}{B + \delta'\ [(B' - B) - \rho(A - A')]}\}\ <\lambda_B$$

比较 η_3 与 η_2，

$$\eta_2 - \eta_3 = k\frac{B}{B + \delta(B' - B)} - k\frac{B}{B + \delta'\ [(B' - B) - \rho(A - A')]}$$

$$= kB\ \{\frac{\delta'[(B' - B) - \rho(A - A')] - \delta(B' - B)}{[B + \delta(B' - B)][B + \delta'[(B' - B) - \rho(A - A')]]}\}$$

$\eta_2 - \eta_3$ 的符号就取决于分子，如果假定情形二与情形三下的超额税收暴露系数相同，即 $\delta = \delta'$，则 $\eta_2 < \eta_3$，以指标二衡量的税权集中度提高。

　　总结以上结果，我们发现一个有趣的结论，对富税区而言，税收集中指标一依次递减 $\zeta_1 > \zeta_2 > \zeta_3$，而税收集中指标二依次递增 $\eta_1 < \eta_2 < \eta_3$。也就是说，在法定税收分成比例 λ 不变的情况下，由于跨期和跨区税权交易的存在，通过分级税收数据得出表面上的收入向上集中（η 递增）可能恰恰意味着实际分权程度的提高（ζ 递减）。进一步，法定税收分成比例 λ 的变化对实际分权或集权程度的影响是一阶的，而法定税收分成比例 λ 不变的条件下，由于税权交易而导致的实际分权或集权程度变化是二阶的。结合第三部分的地方政府效用分析，我们还可以发现，伴随指标 ζ 的降低（η 的提高），在满足一定参数条件的情况下地方政府的效用是提高的，这主要是由于跨区和跨期税权交易提高了地方政府的效用水平。这里的逻辑是：上级欲向上集中财权的动机（制订税收计划）导致地方政府的跨期与跨区税权交易行为"创新"，而税权交易使得税权名义向上集中（η 提高）的同时实际分权程度提高（ζ 降低），这提高了地方政府的效用水平。

第六节　税权交易的地域差异及其衰落

　　零星的记载表明，税权交易，尤其是跨区税权交易产生于 20 世纪 90 年代中期的分税制改革。这一时期，有两个重要变量值得关注，一个是法定税收分成比例向上集中，另一个是税收征管效率较低，如果分成比例的向上集中与税收征管效率的降低相伴，则不能保证上级财政分成比例的提高能够给上级政府带来更多的收入。于是，自上而下的税收计划就成为税收征管效率较低情况下提高征管效率的内生性举措。税收计划加剧了纵向政府间财政竞争，这种竞争是自上而下的。基层政府在来自上级的财政竞争压力下展开"财政创新"。正如本章所描述的，在税收计划的指挥棒下，富税区与贫税区地方政府自身在时间上展开跨期税权交易，在地域上相互间展开跨区税权交易，税收负担在时空之间、在不同层级的政府之间发生转移。

但跨区税权交易现象存在明显的地域差异。田毅、赵旭（2008）提供了一组令人深思的数据，他们汇总了公开资料中报道的 97 个"买税"案例，就"买税"案例出现的地域特征而言，湖南出现频率最多，为 22 例，其次是四川 10 例，超过 7 例的还有江苏、内蒙古、江西。中部出现的案例最多，为 40 例，西部和东部明显少于中部，分别为 27 例和 23 例。这里就出现了两个问题：①为什么税权交易现象更多地出现在经济欠发达地区（中西部）？②为什么不是经济最落后的西部，而是经济相对落后的中部出现更加频繁的税权交易？首先，根据本章所进行的跨区/跨期税权交易均衡分析，跨区税权交易与跨期税权交易存在替代性。其他条件既定，如果税收的生产率效应较强，则富税区"藏税"激励较强，即跨期税权交易激励较强，跨区税权交易激励较低。反之，则富税区"藏税"动机减弱，即跨期税权交易激励较弱，跨区税权交易激励增强。简而言之，一定技术设定下，富税区更倾向于"藏税"，税权交易均衡的结果是跨区税权交易频率降低，而跨期税权交易的强度增加。经济发达地区因其良好的基础设施条件以及先期产业集聚产生的外部性，税收的生产率效应更明显，因此富税区更多地采取"藏税"策略，贫税区也更有能力通过跨期的税收负担转移来缓解跨区买税之需求。欠发达地区则恰恰相反，由于与低税率政策相配套的基础设施匮乏和市场规模狭小，富税区"藏税"的生产率效应并不显著，更倾向于"卖税"，而贫税区本无能力再多征"过头税"，均衡的结果是欠发达地区具有更高的跨区税权交易倾向。其次，更为重要的是，在纵向财政竞争中，发达地区因其较好的经济成长而部分缓解了纵向财政压力，这降低了基层政府的税权交易激励，而欠发达地区对纵向财政竞争压力的感知就敏感得多，纵向财政压力不能被有效的经济成长所吸收，因此压力型体制的弊端更清楚地呈现出来，富税区和贫税区也在这种压力下分化出来，这产生了更强的税权交易激励。基层政府自有财力的培育是缓解压力型体制纵向压力的一种渠道，来自上级政府的转移性财力是另外一种渠道。中央政府对不同区域转移支付强度的差异也会通过压力型体制体现出来。周飞舟（2006）的研究指出，中部和西部地区的人均财政收入基本相等，但是人均支出水平却有明显的差异，这主要是由转移支付向西部地区倾斜造成的。中部地区人口稠密，大部分是农业区，农村的公共服务支出任务繁重，县、乡两级所供养的财政人口也多，但是相比之下，得到的中央转移支付的水平却是最低的。这说明，在分税制改革后相当长的一段时间内，中部地区的财政净压力要大于西部地区，这成为解释税权交易在中部地区更为盛行的一个主要原因。最后，基层政府之间的横向竞争虽然不是税权交易产生的必要条件，但横向竞争会影响税权交易的强度，如果大体上可以认为地方政府为经济增长（与之相对应的是税收）而竞争，那么根据跨区/跨期税权交易均衡分析，横向竞争导致的增长偏好会促使富税区更倾向于"藏税"而非"卖税"，于是跨区税权交易受到抑制。但政府间横向竞争的效应比通常认为的要复杂多样，经济发展水平较高的地区，政府间横向竞争往往形成一种为增长而竞争的均衡，而落后地区在竞争中不仅可能难以形成增长偏好，而且可能形成短视的"掠夺之手"。Cai 和 Treisman（2005）就指出了政府间横向竞争效应在不同经济发展水平的地区之间产生分化的可能性，即竞争可能产生"好均衡"和"坏均衡"。因此，就本章所关注的税权交易而言，发达地区的税权交易因政府间横向财政竞争而受到约束，而落后地区反而可能因这种竞争而强化其"掠夺之手"，并在纵向财政压力下更加刺激税权交易的发生。这在一定程度上同时也解释了税权交易发生的地域差异。

可以预期，随着中央对中西部地区，尤其是中部地区均衡化转移支付的逐渐加强，纵向财政压力所内生的税权交易激励将被抑制。同时，随着市场化和国内经济一体化进程的加快，劳动、土地等要素的区域间比较优势发生变化，中西部地区将在更大程度上受益于市场推动的产业转移，产业的集聚、基础设施的改进将使税收负担的生产率效应更加敏感。归根结底，经济发展水平的提高是缓解财政压力，抑制税权交易现象的基本力量。从政府税收管理的角度看，分税制之初，在征管水平低下、实际宏观税负较低的情况下，税务机关或政府通过税收计划提高征管效率，更有效汲取收入的选择在很大程度上是有效率的。如今，背景已经发生了根本变化。虽然制度具有惯性，但税收计划合理性的内生机制已经不复存在，税收计划必将退出历史舞台，而税收计划的消除也就使税权交易失去了存在的基础。21世纪以来，税权交易，尤其是跨区税权交易渐渐淡出舞台就说明了这一点。马骏（2003）也指出，税收征管系统组织能力的高低与税收征收合同的选择有关。当税收制度从不规范的低征管效率—高名义税率均衡逐步走向规范化的高征管效率—低名义税率均衡时，税收计划指标这种税收征收合同形式就有了变革的内在动力，税权交易作为不规范税收制度下内生出来的非正式制度也因正式税收制度交易费用的降低而趋于衰落。

第七节　税权交易理论对省以下分税制构建的启示

如果只存在一级政府，那么地区之间就没有进行税权交易的必要性，同时，一个地区之内政府也没有必要为隐藏税收而进行跨期税权交易。因此，税权交易发生在一个多级政府体系中。多级政府仅是必要条件，如果信息是完全的，上级政府能够准确地预测和观察到下级政府的税收收入，那也不存在税权交易的空间。因此，税权交易产生于信息不对称的多级政府体系中。世界上几乎所有的国家都是多级政府，但为什么唯独在中国这样的政府体系中出现了税权交易现象？这根源于压力型政府体系中自上而下的税收计划指标管理。不是所有的政府体系都能够有效利用自上而下的税收计划指标来抽取 "信息租金" 的，这有赖于组织体系内的行政或政治权威。正如本章所论证的，在压力型体制下，上级政府利用税收计划来诱导下级政府表露真实税收收入能力的机制设计因税权交易的存在而归于失败，这种机制设计虽然确保了上级政府的总收入，但却扭曲了税收负担的跨区和跨时分配，导致了无谓的税权交易成本损失。最优分税体制设计首先要放弃税收计划指标管理。

税权交易理论对我国省以下分税制的构建具有重要的启示。从税权交易理论的逻辑框架出发，地方分税制构建既要有纵向政府间关系的考量，又要有基层政府间横向互动关系的考虑。纵向关系不合理，上下级政府就会陷入技术性的 "博弈陷阱"，一方面税收博弈本身是要耗费社会资源的，另一方面博弈的结果也并非总是社会有效的（如果存在稳定的均衡结果），也就是说，政府间纵向博弈存在效率损失，分税制设计要尽量降低这种损失。不同税种在上下级政府间划分或共享具有不同的博弈损失倾向，因其征管和信息等方面的技术特征，有的税种容易引发激烈的政府间纵向博弈，并陷入无效率均衡，而有的税种则不容易引发纵向博弈，对于前者更适合将税权（征收权）赋予地方，对于后者可采用上级政府拥有税权，并与下级政府税收共享。将税权更多地赋予地方固然可以减少纵向政府间博弈，从而规避纵向博弈效率损失，但这同时也引致了新的问题，那就是基层政府之间的横向税收竞争（博弈）将加剧，根据经典的税收竞争理论（Zodrow 和 Mieszkowski，1986；Wilson，1986）可知，横向竞争（博弈）导致均衡偏离社会最优，产生效率损失。所以，一个最优的分税体制将同时考虑到政府间纵向博弈效率损失和横向竞争（博弈）效率损失，使两种效率损失之和最小化。我们认为，这是最优宏观税收既定的条件下，最优分税体制决定的基本原理。

第八节　本章小结

税权交易的兴起与衰落是一个复杂的历史过程，本章在高度抽象的层面论证了税权交易形成的原因，税权交易对地方政府和基层实体经济的影响、税权交易与财政分权指标的关系，以及税权交易衰落的趋势。基本结论如下：

（1）税权交易是税收制度规范化进程中，压力型体制下，政府间纵向财政竞争的结果，不同于经典的纵向税收竞争理论，这里，以税收计划指标为依托的纵向税收竞争诱发了地区之间横向的非正式税收合作，这种合作改善了地方政府与上级的税收竞争地位，并使税权交易双方的福利同时得到改进。

（2）跨区税权交易使富税区和贫税区实际税收负担发生变化，富税区税收负担增加，贫税区税收负担减少，与不存在跨区税权交易的情况相比，两地区相对于实际经济的税收负担趋于收敛。即税权交易潜在地起到了税收负担均衡化的作用。

（3）考虑到跨区和跨期税权交易的生产率效应，贫税区与富税区跨区税权交易均衡状态的条件是：对贫税区多征一单位"过头税"，对本地经济和政府产生的边际负效用正好等于富税区单位税权的加权边际正效用，即 $g_1' = k\delta' + g_2'(1 - \delta')$，其中 δ' 为超额税收暴露倾向。

（4）跨区和跨期税权交易使分权化指标的计量变得复杂。本章以富税区为例，指出在法定税收分成比例 λ 不变的情况下，由于跨期和跨区税权交易的存在，通过政府间分级税收数据得出表面上的收入向上集中（η递增）可能恰恰意味着实际上的向下分权程度提高（ζ递减）。也就是说，如果税权交易是普遍的，那么财政分权研究中通常所采用的收入分权指标是有偏差的。但是，法定税收分成比例λ的变化对实际分权或集权程度的影响是一阶的，而在法定税收分成比例λ不变的条件下，由于税权交易而导致的实际分权或集权程度变化是二阶的。

（5）很多情况下，交易产生互惠，但有些交易仅是不合理制度设计或次优制度内生的产物，因此虽然交易能在局部内改进福利，但由于制度本身是次优的，交易只能是在现有的制度约束下改进福利。税权交易就是如此。随着税收制度规范化程度的提高，上级通过税收指标控制税收征管效率的收益递减，从而产生放松或放弃税收指标控制的激励，而内生于纵向指标化管理的税权交易也将淡出历史舞台。

第五章 "中国式"财政互动的后果：
地方政府支出结构偏差的逻辑

第一节 引言

21世纪以来，理论界对地方政府支出结构偏差及成因的关注骤然升温。那么，什么是支出结构偏差？有学者认为政府支出"重经济建设、轻公共服务"（"重建设、轻民生"）的倾向就是结构偏差（傅勇和张宴，2007），这种界定意味着存在政府支出的结构性均衡，对均衡的偏离就是偏差。然而，判断何谓均衡甚为困难，正如政府支出的经济发展阶段论（Musgrave，1969；Rostow，1971）指出的那样，均衡的支出结构是随着经济发展阶段而不断变化的，高建设性支出并非一定存在严重的结构偏差；相反，可能是一定社会经济发展阶段和发展模式内生的现象。有学者尝试定量分析结构偏差，认为结构偏差是政府支出结构相对于公共支出实际需求偏好的偏离（龚锋和卢洪友，2009），这里的难点在于对实际公共需求的测度，因为现有的经济计量技术尚无法准确测度实际公共需求。也有学者以地区公共支出结构对全国平均水平的偏离作为结构偏差，这虽然能够反映个体对总体平均水平的偏离，但并不能反映总体上的系统性偏差。本章的目的在于从理论上寻找造成系统性地方政府支出结构偏差的社会经济机制，同时，将公共政策的着力点放在消除或矫正系统性结构偏差的形成机制，而非结构偏差本身。因此，按照这个逻辑，我们认为，当存在一个或若干个结构性偏差触发机制时，公共支出结构就是有偏差的，否则支出结构就是正当的、合理的。

关于地方政府公共支出结构偏差的讨论散布于众多的研究论文和评论文章中，本章将主要的洞见整合、提炼并发展、创新，归结为五类模型。我们从模型的关键假设、推理过程和基本结论三个层面依次考察五类模型的解释力。这是第二节的任务。转移支付制度被视为解决地方政府支出偏差的重要工具之一，我们在第三节表达对均等化转移支付的某些新理解。最后，基于第二节的理论分析和第三节的政策评论，我们给出基本的政策取向。

第二节　不同理论模型之考察

一、政府竞争模型

蒂布特模型（Tiebout，1956）揭示，地方政府之间的竞争可以增进居民福利，因为居民可以"用脚投票"选择最适合自己的社区。以下是两个关键假设：①地方政府的目标是本地居民福利最大化，这与地方政治治理结构密切相关，或者与之相当，居民是地方政府竞相争夺的稀缺资源，地方政府只有执行居民福利最大化的政策才能吸引足够多的居民。②具有平等公民权利的选民可以在地区之间无成本（或低成本）自由流动。对蒂布特模型的假定略作修改就可得到不同的蒂布特模型拓展版本。例如，考察蒂布特模型的一种扩展版本，如果地方政府的目标不是即期的居民福利最大化，而是工商企业经营环境最优化，那么地方政府之间对企业（可流动资本）的竞争就会改进企业的营商环境。考察另一种更加复杂但也更贴近现实的蒂布特模型扩展版本，如果相互竞争的地方政府同时面对流动性的资本和不可流动的居民，竞争均衡偏离社会最优，针对流动性资本的公共投入过多，而针对非流动性居民的公共产品提供不足（Keen 和 Marchand，1997）。但是，如果考虑到公共投入有助于本地区资本积累，从而改善未来的居民福利，那么政府目标就是即期公共投入（可增加居民的远期福利）与即期居民福利的某种权衡。在一定的当期预算约束下，一个眼光长远、仁慈的地方政府将在竞争压力下选择提供较好的营商环境（直接进入企业生产函数）和较少的当期公共服务（直接进入居民福利函数）。然而，政府间竞争的这种结果在经济上是有效率的。如果考虑到地方政府的短视和机会主义倾向，政府间竞争的福利效应就要具体分析了。在威权体制以及官员委任制下，地方政府的短视、机会主义与政府间竞争相结合可能导致"重建设、轻民生"；在选举政治下，机会主义的政客为取悦选民并获得连任，在政府竞争（标尺竞争）压力下可能抛出不可持续的福利支出计划。显然，不同的制度约束产生不同的结果，效率损失的表现形式也不同。

有学者指出，蒂布特模型在中国不适用，原因主要有两个：①居民的自由迁徙条件无法满足。②地方政治治理结构不同于蒂布特模型的预设（乔宝云等，2005）。我们基本同意这种判断，尤其是蒂布特模型所揭示的效率机制在中国特定的制度背景下难以实现。但是，我们认为中国地方政府的支出结构偏差问题却能够在蒂布特模型及其扩展版本中得到较好的理解。首先来看生产要素的相对稀缺性。在中国市场经济发展的初期，资本相对于劳动更加稀缺，地方政府对资本的争夺导致公共支出倾向于生产性基础设施的提供，在预算约束下，用于社会性基础设施的支出就会相应减少。这本身并不构成资源配置的扭曲；相反，正是市场机制引导政府有效配置公共资源的体现。随着市场经济的深化，资本积累达到一定水平，劳动相对于资本变得稀缺，在政府竞争机制作用下，偏向劳动（或居民福利）的公共支出将增加，这种情形也不存在资源配置扭曲。因此，如果假定地方政府的行为目标是仁慈的、有远见的，政府竞争并不产生扭曲性的支出结构偏差，所谓的"偏差"只是资源最优配置的反映。由此我们可以清楚地看到，扭曲性支出结构偏差的来源并非政府竞争，而是政府的行为目标设定，尤其是短视和机会主义。地方政府行为目标在很大程度上取决于纵向和横向的政治治理结构。其次来看具有中国特色的劳动力迁徙。由于众所周知的户籍制度限制，劳动者本身虽然可以在地区间自由流动，但依附于劳动者的基本公民权利（如子女接受义务教育、社会保障等）却无法随之自由流转，据此我们似乎可以说蒂布特模型所描述的"用脚投票"机制难以发挥引导和约束地方政府财政行为的作用。倘若仔细思考，就会发现上述结论的前提条件仍然是劳动力过剩或人口红利的存在。在人口日益老龄化、年轻劳动力趋于短缺的条件下，"用脚投票"机制将发挥越来越明显的作用，城乡二元体制和城市内的二元分割也将被人口和经济发展这一自然过程所消解。在本章第三节对均等化转移支付的讨论中还将回到这一话题。

对政府竞争模型的讨论让我们认识到，政府竞争本身并不制造扭曲性的公共支出结构偏差，扭曲往往来自缺乏约束的政府目标函数以及歧视性的人口流动政策。因此，矫正公共支出结构偏差的政策不应该着眼于抑制竞争，而应该着眼于改善地方政治治理，克服地方政府的短视行为和机会主义冲动，同时，消除歧视性的人口流动政策，赋予流动人口公平的公民权利。

二、分权—集权模型

标准的西方财政分权理论认为，地方政府在提供地方公共品方面具有独特的优势，因为它们临近居民，更了解本地居民的偏好（Oates，1999、2005）。如果假定地方政府是仁慈的，追求本地居民福利最大化，以上论断是非常直观的。但如果地方政府具有自身的利益考虑，并可以操纵公共支出项目的优先排序，那么财政分权未必能够提高公共支出与居民偏好的匹配度。因此，问题的关键转化为：如何确保地方政府的行为目标是追求本地居民福利最大化的。这在经济学中是个令人头疼的问题，也一直是公共财政理论和公共选择理论建模的根本分歧所在（Besley，2006）。中国的相关经验研究表明，财政分权导致了诸如基础教育、公共卫生之类的公共服务缺失，其原因在于中国式的分权使地方政府的目标偏离了规范意义上的社会福利最大化，导致了地方官员的 GDP 崇拜。那么，地方官员的 GDP 崇拜能够在何种程度上与居民福利最大化的目标相一致呢？与大多数强调地方政府 GDP 崇拜与居民福利目标相冲突的论断不同，我们的答案是：两者在很大程度上是一致的。地方政府对 GDP 目标的崇拜增加了经济性基础设施的支出，这些支出将减少即期的居民福利支出，但却增加了未来的居民福利支出，这是跨期的福利配置。从这个意义上来理解，地方政府对 GDP 的崇拜无意间改变了居民福利支出的时间偏好。地方政府的 GDP 崇拜抑制了居民即期的福利性消费，鼓励了公共资本积累和远期福利性消费。其效果应当如何评判？总体而言，如果增量公共资本投入导致居民未来福利增加的贴现值大于同等数量即期公共消费导致的福利增加，那么地方政府因 GDP 崇拜所致的公共资本积累倾向就是合理的和经济的。如果居民是完全理性的、有自制力的，那么居民总体的福利性消费时间偏好应该与地方政府上述的理性选择大致相同。居民方面的不完全理性、自制力缺乏以及地方政府方面的某些自利动机（如贪污腐败、机会主义）都可能使居民福利的时间偏好与政府消费的时间偏好发生背离，这种背离就产生了本章所谓的公共支出结构偏差。由此得出的结论是，如果地方政府相对于中央政府的政治治理要差很多，地方性公共品提供的本地化优势将无法弥补由于地方政府目标函数扭曲所造成的福利损失，此时由中央政府完全或部分履行提供地方性公共品具有经济上的合理性，但这仅是次优选择，根本的出路还在于健全地方政治治理体系，使地方政府行为目标接近社会福利最大化目标。

1994年中国分税制改革之后，财权向中央集中，省级及以下政府也纷纷从下向上集中财权，而事权配置并没有随财权上移，甚至有不断下放的趋势，因此便有了"财权层层上收，事权层层下移"的现象，越是基层政府，财政收支压力就越大。基层政府应对这种财政压力的手段要么是想方设法增收（包括来自上级的转移支付），要么是压缩开支或赤字运行。落后地区的基层政府表现得尤为严重，此为典型的"吃饭财政"，与经济发达地区不同，没有所谓的"建设型财政"。这些地区的公共支出结构偏差不是前文所述的"重建设、轻民生"，能维持臃肿的政府机关的正常运作已经不错了，谈不上建设，更谈不上民生。此种情形下单纯的财政分权是无法解决任何问题的，因为这些地区即使有了所谓的财权，也没有真正的财力，中央的转移支付是必需的。众所周知，政府间转移支付存在道德风险，长期依靠转移支付的地方政府反而可能永久性地落入"贫困陷阱"。教育和公共卫生等增加人力资本的转移支付非常重要，因为这些投入将增加未来一代人的可流动能力，帮助他们走出贫困地区，进入市场并参与竞争。分税制改革之后的财政收入集权化趋势在发达地区和落后地区具有截然不同的效应。在发达地区刺激了财政融资行为创新，如当今热议的土地财政和地方政府融资平台，使其"建设型"特征更为突出；而在落后地区，中央自上而下的财政转移支付体系日益强大，令人欣喜的是公共服务的缺位现象得以暂时缓解，令人忧虑的是转移支付制度的固化可能鼓励低效率，抑制人口合理流动。

三、收入分割模型

收入分割模型中假定政府是仁慈的，是追求社会福利最大化的，但是其整合财政资源的能力是有限的。这一点在中国表现得非常突出。中国的中央和地方政府拥有庞大的国有资产、国有土地资源，但国有资本经营性收益以及地方政府高度依赖的土地出让收入受既得利益格局制约或现有法律法规制约，无法用于平衡公共财政预算。收入来源是分割的，支出用途同样也是分割的，公共资源配置无法实现全局最优。例如，按照现有法律制度规定，土地出让收入属于政府性基金收入，专款专用，主要用于征地拆迁补偿、土地开发、城乡基础设施建设、城镇廉租住房保障等支出，不能用于平衡公共财政预算。即便如此，作为地方政府基金预算收入的土地出让金也只有很少的比例用在与民生相关的保障房建设方面，以至于财政部与住房和城乡建设部于 2011 年 6 月印发了 《关于切实落实保障性安居工程资金，加快预算执行进度的通知》。该通知明确规定，各地应当按照当年实际缴入国库的招标、拍卖、挂牌和协议出让国有土地使用权取得的土地出让收入，扣除相关规定项目后，严格按照不低于 10% 的土地出让收益用于保障性工程建设 。事实上，土地出让金这块"肥肉"正被越来越多的部门盯上。国务院《关于进一步加大财政教育投入的意见》中，要求从 2011 年 1 月 1 日起，地方政府必须从土地出让净收益中按 10% 比例计提教育资金；还有财政部、水利部《关于从土地出让收益中计提农田水利建设资金有关事项的通知》中，也要求从 2011 年 7 月 1 日起各地确保 10% 的土地出让净收益用于农田水利建设。

财政部门作为政府配置公共资源的代理人，无法统筹安排所有的政府收入和支出，当然也就无法确保公共资源的最优配置。也就是说，我们平时从经验事实中观察到的公共支出结构偏差是政府部门内部收入分割而无法统筹优化的结果，在土地财政收入等非公共预算收入远快于公共预算收入增长的情况下，对于矫正所谓的结构偏差，财政部门有心无力。政策选择上，收入分割模型强调财政资源的统筹，除少部分政府性基金专款专用外，其他收入来源应当按照社会经济发展需要合理、动态配置，防止因部门利益固化造成配置效率损失，使公共资金在不同用途之间实现边际收益均等化。

四、财政道德风险模型

道德风险模型常常用来解释政府面临的预算软约束问题：政府委托项目负责人建设或运营一个公共（工程）项目，项目负责人相对于政府是拥有信息优势的一方，他更了解项目建设或运营所需要的真实成本，如果项目负责人在预先计划的预算内无法完成建设任务或者运营陷入困境，政府无法判断这样的结果是外部客观因素造成的，还是项目负责人的主观疏忽或努力程度不够造成的，此时政府前期的投资已经成为沉没成本，要使既有投资能够发挥效能，政府只有继续追加投资，这样该项目的政府预算就不得不被"软化"。类似地，财政道德风险模型也用来解释政府债务积累问题：现任政府通过借债扩大投资和消费，但债务的偿还往往是未来政府的事情，由于未来承担还债义务的政府尚不存在，当然无法监督、约束现任政府的过度负债行为，故现任政府总是倾向于过度的债务积累，甚至可能导致政府债务危机。现实中，财政道德风险的例子很多，有一则报道称：计划五年建成的江西景德镇城市防洪大堤，十年之后资金已花去七成，工程量却没完成一半，洪水几乎每年都从缺口处涌入部分城区，当地群众频遭"被淹之苦"。原本预算投资3亿多元的"民生工程"，最终成了"半拉子工程"……"修堤的钱被花到亭台楼阁、观景台、绿化、亮化等景观工程中，造成后期资金缺乏，拖延工期"……有关部门表示，当地城防工程要全部完工，需再投入约4亿元。这意味着总投资接近7

亿元。

我们在上述财政道德风险模型的基础上提出了一个新模型，来解释地方政府的支出结构偏差。为突出核心逻辑，我们做一些简化的假定：存在中央和地方两级政府，委任制下，地方政府可视为中央政府的代理人；中央和地方政府内在的支出优先序是一致的，两级政府都追求居民福利最大化；两级政府都对居民负责，但中央政府只有在地方政府无法满足本地居民需要时才进行财政介入，并且介入概率随其支出优先序而增加。这里存在的财政道德风险是：地方政府倾向于策略性地扭曲其内在的支出优先序，反而将高优先权的支出项目（如与民生直接相关的支出项目）策略性地排在低优先权项目之后，因为地方政府知道中央政府的支出优先序与其相同，并且一旦高优先权的支出项目未能得到有效提供，中央政府将以更高的概率施以援手。于是，地方政府的这种策略性安排，尤其是相对落后地区的这种策略性安排，可以从中央政府获得额外的事后专项财政补助。如果这种政府间财政道德风险成为一种普遍倾向，那么地方政府支出结构扭曲偏差就会呈现系统性特征。该模型比较适合解释相对落后地区而非富裕地区的支出结构偏差，因为富裕地区不大可能从这种策略性安排中获得额外收益，中央政府对富裕地区支出优先权的错配比较容易辨别，施以援手的概率极低。对于落后地区，基本公共服务供给不足，尤其是供给的延迟在一定程度上可以在该模型框架下得到解释。从我国的财政实践来看，1994年分税制改革之后，国家财政收入一直维持高速增长态势，其平均增速远超同期的GDP增长率，但与此同时却出现了县乡财政困难、基层政府公共服务供给严重不足的情况。相反，很多落后地区，在地方财政并不宽裕的情况下，地方政府办公大楼等形象工程却染上了"豪华病"，并且屡禁不止。之后，在地方政府与中央政府的这个对局中，中央政府通过将部分事权上移（如基础教育、公共卫生），加大转移支付力度的方式暂时有效缓解了这一困局。中国的这段财政实践可以为政府间道德风险导致高优先权公共产品（服务）供给被拖延的理论假说提供一个现实注解。

现实中观察到的基本公共服务供给不足和被拖延的现象在一定程度上是分权框架下地方政府与中央政府策略性互动的结果，道德风险导致的策略性互动往往使中央政府承担过度的地方事务。不存在政府间财政道德风险时，这些事务完全交给地方政府自主提供将更有经济效率。存在政府间财政道德风险时，就要权衡潜在道德风险所造成的低效率与纵向政府间责任错配所造成的低效率。在分权体制不作改变的条件下，前者大于后者，则中央政府承担具有支出优先权的地方事务具有经济合理性；反之，中央政府宁愿容忍一定程度的地方财政道德风险。从效率损失的根源上看，政府间财政道德风险的有无和大小取决于分权体制本身的设计。分权体制的精髓在于地方财政的自主性和独立性，这种自主性和独立性能够隔绝大多数的政府间财政道德风险。在中国的分权体制下，地方官员的上级委任制使在基本公共服务的提供中委托—代理关系占主导（委任合约中对基本公共服务的界定比较容易），而在经济发展方面的决策自主性占主导（委任合约无法具体界定需要地方自主创新的经济发展目标和工具），这就说明了为什么在公共服务提供中政府间财政道德风险导致的供给不足和供给拖延较为严重，而在经济发展方面中央和地方政府存在广泛的规制与"创新"的博弈。从社会经济发展的中长期制度框架构建来看，以事权上移和转移支付来解决地方政府的支出结构偏差仅是权宜之计，根本出路还在于按照效率原则优化政府间纵向分工，逐步弱化地方基本公共服务提供中的政府间委托—代理关系，同时强化本地居民与地方政府之间的委托—代理关系，建立合乎经济效率的政府间纵向分工体系和合乎公平、正义的地方民主制度。

五、政治经济模型

我们主要评论两类政治经济模型及其对地方政府支出结构偏差的解释。第一类模型被称为政治晋升锦标赛（周黎安，2004、2007），强调地方官员的晋升激励对地方财政行为的影响。第二类模型强调政府支出结构是政治均衡决定的（汤玉刚和赵大平，2007），政治均衡与经济效率之间往往存在冲突，这种冲突就表现为理论意义上的公共支出结构偏差。

政治晋升锦标赛理论指出，中国的地方官员处于政治晋升博弈之中，在官员绩效考核偏重于 GDP 指标的情况下，政治晋升博弈就是地区间的 GDP 增长率竞争，但这种竞争不是 GDP 增长率绝对值的竞争，而是相对 GDP 增长绩效的竞争，即所谓的锦标赛机制。一方面，锦标赛机制会诱使地方政府过度投入资源去追求 GDP 增长，这当然会导致偏向经济建设的财政支出结构；另一方面，锦标赛机制容易造成地区间重复建设以及地方保护，不利于地区间的经济合作。政治锦标赛理论虽然没有直接解释地方支出结构偏差，但却为理解地方政府的支出结构系统性扭曲提供了一个政治经济视角。该理论的一个直接政策推论是，要消除地方政府的行为扭曲，就要改变只对 GDP 指标进行考核的政绩考核体系，增加民生指标在政绩考核中的权重。该理论的一个困惑是，即使中央三令五申要求地方政府和官员"科学发展"，但既有的地方政府行为模式却迟迟不愿改变，如最近的保障房建设过程中就存在类似的问题。

预算过程的政治学理论认为，公共支出结构是政治市场上行为人（如生产者集团和消费者集团之间，以及不同的消费者集团之间）相互博弈的结果是政治均衡而非经济均衡。公共资源配置是依据"政治价格"而非市场价格做出调整。显然，政治均衡不能保证资源配置上的经济效率，政治均衡造成的资源配置扭曲可被视为"经济上"的政府支出结构偏差。据此，合理界定政府职能范围和健全、完善政治市场结构是提高政治均衡经济效率的根本途径。

第三节 地方政府支出结构偏差与基本公共服务均等化

在本章第二节我们考察了解释地方政府支出结构偏差的主要理论，从不同角度给出了结构偏差的成因和对策。结构偏差往往在最薄弱的环节表现得最为突出。在城乡二元结构中，偏差主要反映在农村而非城市。在城市内部的户籍人口和非户籍人口二元体制中，偏差主要反映在非户籍人口而非户籍人口。当前，政府通过推行基本公共服务均等化战略来矫正地方公共支出结构偏差，其主要政策工具是政府间转移支付。下面主要围绕两个问题展开。

第一个问题是，面对地方公共支出结构偏差，支出责任上移是权宜之计还是长久之策？1994 年分税制改革之后，伴随着财权的逐级上移，支出责任的政府间纵向配置不仅未作相应调整，反而有逐级下沉的趋势，基层财政困难由此产生（贾康和白景明，2002）。理论上，解决这一困境有两种不同的方案：一是财权适当下移，同时伴随有限规模的转移支付（尤其是针对有了财权却无财力的落后地区）；二是财权配置不变，支出责任上移，而实现支出责任上移的工具也是转移支付，但这种方案要求的转移支付规模和复杂程度远高于第一种方案。需要说明的是，两种方案财政上的最终结果都是财力与事权相匹配。如果信息是正确的，两种方案实际上是等价的，并且这种情况下分权也就不必要了。退一步说，如果居民偏好的同质性比较强，中央政府相对于地方政府的信息劣势不是特别明显，以上两种方案基本上也是等价的。但随着经济社会的不断发展，居民公共服务偏好的异质性逐渐增强，第一种方案的优越性就会体现出来。假定地方政府和中央政府是仁慈的社会计划者，则两级政府的差别仅体现在居民偏好信息的获得成本上。所以，一旦第一种方案在经济效率上占主导，地方层面的政治治理民主化需求也就浮出水面。现实中的体制选择是经济效率标准和中央—地方政治治理之间的某种权衡。

第二个问题是，如果公共服务均等化目标是有层次的，那么，当最基础的公共服务（如基础教育、医疗卫生）均等化目标在城乡之间基本实现之后，"后均等化"战略是以解决城市中的二元福利体制为核心还是以解决城乡二元福利体制为核心？也许这不是一个很好的提问方式，因为城市中的二元福利体制本身就与城乡二元体制不可分割，具有内在的逻辑一致性。正像自行车的前轮和后轮都是自行车正常运转所必需的，但作为驱动轮的后轮却是自行车运转的动力来源。让我们在城市化的背景下思考公共服务的"后均等化"战略，并假定在农村人口仍然占大多数的情况下，城市化是值得追求的价值目标，同时假定政府的财政能力是有限的，均等化目标只能在两种选择中有所侧重。我们分别考察两种选择下的政策效应。如果以解决城乡二元福利体制为驱动，那么城乡居民的福利差距会缩小，静态地看这无疑是增进国民福利的，动态地看会在边际上降低农村人口向城市迁徙的激励。一般而言，一个农民从农村到城市就业，其劳动生产率会提高数倍，这正是中国经济30年高速增长的主要动力之一。城市化进程中迁徙激励下降带来的效率损失可能会侵蚀静态的福利增进。另外，如果将"后均等化"的重心放在城乡二元福利体制上而忽略了城市内的二元福利体制，进城务工人员定居城市的激励会下降，并会形成城市内的社会阶层分割，降低社会福利。在两种力量的作用下，城市化进程受到阻隔，追求社会公平的经济效率基础将不稳固。相反，如果"后均等化"战略是以解决城市内的二元体制为驱动，这将加速城市化，或者至少不因户籍制度造成的二元福利体制而阻碍城市化，人口和工商业集聚所产生的租金为均等化战略提供了有保障的财力来源，城市内的均等化和城乡间的均等化进程才是可维持的。需要说明的是，从公民权利的视角出发，无论是农民还是进城务工人员都应该享有基本相同的公共服务，这一目标是毋庸置疑的，我们分析指出的是，在追求这一目标的过程中哪种战略在经济上更具有可维持性，更能使不同的均等化子目标良性互动，正像自行车的前轮和后轮一样微妙地配合。

第四节　本章小结

本章首先指出，利用经验观察判断地方政府支出结构偏差存在与否及其大小往往会产生"幻觉"，可能误将公共资源配置的优化过程也归结为"偏差"。鉴于对"偏差"的经验研究存在难以克服的困难，本章主要从理论上探索了可能形成系统性偏差的机制，一旦偏差机制得以正确的解析，对偏差机制的矫正将优于对偏差本身的矫正。部分文献认为政府竞争会导致地方政府支出结构偏差，但本章的分析指出竞争是中性的，它本身并不产生结构偏差，在政府竞争模型中，偏差来源于地方政府目标函数对地区跨期社会福利最大化的偏离，尤其是地方官员的短视和机会主义倾向。分权与地方公共品供给的相关经验研究指出，地方政府的 GDP 崇拜是导致支出结构偏向的一个原因。本章的分权—集权模型则指出，如果增量公共资本投入导致居民未来福利增加的贴现值大于同等数量即期公共消费导致的福利增加，地方政府的 GDP 崇拜就具有经济上的合理性。公共品供给模式趋向更分权化还是更集权化，取决于地方化供给的效率优势与地方政府目标函数扭曲之间的权衡。收入分割模型则抓住了中国地方财政体制的某些关键特征，财政权威碎片化导致财政统筹乏力，资源配置无法达到全局最优。财政道德风险模型将地方公共品和服务供给的不足和拖延视为"柔性"分权体制下地方政府与中央政府策略性互动的结果。政治经济模型则强调了政治动机对资源配置效率的影响，政治均衡与经济效率之间往往存在冲突。

下面简要总结理论探讨的政策含义：

（1）矫正地方政府支出结构偏差需要一个有效的地方政府间横向竞争框架。竞争机制是中性的，是既有资源约束下的效率发现机制，中央当局不必通过集权化的政策抑制竞争，但又须通过行政体系规范地方政府的行为目标设定，或者建立、健全有效的地方政治治理体系和竞争性政治市场，防范竞争中的短视和机会主义倾向。

（2）矫正地方政府支出结构偏差需要一个有效的中央—地方纵向分工、协调机制。政治委任制下，中央—地方以及各级地方政府间的职能重叠，分工模糊，事权容易"被"下沉，这反过来也容易诱发下级政府的机会主义和道德风险。从短期来看，事权的部分上移以及转移支付制度的强化可缓解地方政府支出结构偏差；从长期来看，根据经济效率原则明确政府间分工，增强地方财政自主性和独立性，才能有效防范政府间财政道德风险，减少地方政府策略性行为所造成的效率损失。

（3）矫正地方政府支出结构偏差需要政府财力的统筹，整合碎片化的公共收入和支出格局，根据社会经济发展需要及时调整公共资源的跨部门配置。

（4）矫正地方政府支出结构偏差的基本公共服务均等化战略和相应的转移支付制度设计在完成了城乡之间的初级均等化目标之后需要理论和政策的新思维，建议采取以消除城市内部公共服务二元体制为驱动的"后均等化"战略，该战略有利于城市化进程中的城乡良性互动，在经济上具有长期可持续性。

第六章 "中国式"财政互动的后果：
中小国企改制的逻辑

第一节 引言

经济改革经常受到阻滞，理论上会使社会受益的政策无法实施或难以推进，这说明改革本身是有成本的，当改革的社会成本—收益结构发生变化的时候，或者能够通过某种方式为改革成本融资的时候，改革才可能大规模推进，而发展中经济体普遍存在的要素资本化过程恰恰成为经济改革和发展的助推器，理当善用之，以促进动态社会的和谐演进。本章以我国经济改革史上的国企改革为例，说明政府间财政竞争和土地要素资本化两种力量相互作用，推动国企改制大规模展开的政治经济过程。

第二节 国企改革动力机制的既有解释

改革开放以来，我国国有工业企业的数量经历了一个倒"U"形的变化。20 世纪 80 年代初国有工业企业有 8 万多家，到 80 年代末已发展到近 10 万家，1991 年为 10.47 万家，1995 年进一步增长到 11.8 万家。但 90 年代中期之后，国有企业的发展轨迹发生逆转，从数量上看，到 1998 年，国有及国有控股工业企业锐减到 6 万多家，2001 年还剩 4 万多家，2003 年又递减到 3 万多家，2007 年统计数据显示还有 20680 家。[①] 这一现象受到学界的持续关注，为什么 20 世纪 90 年代中期之前国有企业数量还在不断增长，而这之后国有企业却陆续破产、改制。同时，为什么如此大规模的社会经济结构变革能够在跌跌撞撞中较为顺利地推进而没有产生过于激烈的社会振荡？

既有研究可以大致分为两类：第一类研究关注的问题是国有企业为什么要改制，潜在的理论命题是改制能够提高效率，因此其实证命题就是检验改制能否促进企业效率提高，以及何种形式的国企改制更能促进效率提高（刘小玄，2004；陆挺和刘小玄，2004；宋立刚和姚洋，2005；胡一帆等，2006；白重恩等，2006）。站在今天回望历史，我们无疑应该从总体上肯定这场产权改革所带来的宏观经济效率的提高。但回到那个年代，产权改革效率论这样一个规范性的命题却饱受争议，无论是在理论领域还是在实际运作层面，国企改制阻力重重。那么我们就有兴趣问这样一个问题：是什么力量使国企改制的主要决策者——地方政府及其官员有动力去排除这些阻力，实际推动了国企改制的进程？即国企改制为什么能够（而不仅是应该）得以推进？对这一问题的回答构成了国企改制的第二类研究。与第一类研究相比，这类研究相对较少，但仍有两个相互补充的思路：一个思路强调非国有部门的成长对国有企业改制的影响，如樊纲（2001）指出，非国有经济的发展支撑着经济的增长和市场体制的形成，同时它也创造出国有经济得以改革的更有利的条件。张军等（2003）进一步指出，国企

---

① 历年《中国统计年鉴》中各种经济类型工业企业单位数和总产值统计。

民营化与行业内国企同私企的边际成本差和私企个数相关的内生性机制。国企同私企的边际成本差达到临界值是国企民营化的必要条件，行业内私企发育通过降低临界值加速了国企民营化的进程。另一个思路则强调地方政府的财政动机，如王红领、李稻葵和雷鼎鸣（2001）指出，政府放弃国有企业并不是为了增加企业的效率，而是为了增加政府的财政收入，或者说是为了减轻因补贴亏损国有企业而造成的财政负担。他们利用1995~2000年的国企调研数据进行了实证分析，表明就民营化或破产清算而言，所有衡量效率的指标的增加都不具有预测力。而政府收入的增加在预测民营化或破产清算的决策时是重要的。特别当到期未偿还的贷款和利息成为政府的财政负担的时候，这些贷款和利息就成为导致民营化或破产清算的一个重要因素。韩朝华和戴慕珍（2008）更明确地指出，国有企业的产权重组本质上是政府的政治性决策，由政府主体来推动。尽管有多种经济的和社会的因素影响着企业重组，但与政治决策者的改革意愿相比，其他一切因素都处于从属地位，它们只有通过影响政治决策者的成本和收益才能间接地影响企业重组。他们利用145家中国工业企业的调查数据就企业改制对政府财政收入的影响进行了检验，发现产权重组显著提高了改制企业的纳税水平和创税效率。这说明在公有企业的产权重组中，政府主体追求财政效益最大化的动机是一个重要的推动因素。杨治、路江涌和陶志刚（2007）对企业改制的考察也着眼于政府动机，他们提出了一个更广义的企业改制政治庇护理论，该理论认为改制与否取决于企业所属政府的政治收益考量。该收益主要来源于四个方面：①有足够的利润以供分享。②能为国家或地方财政缴纳足够的税金。③能够解决劳动力就业。④可为"政府化"委托人提供隐性收益。这些研究各具特色，且有很强的启发性。本章试图在第二类研究，尤其是在财政动机模型的基础上发展、创新，提出一个可用宏观社会经济数据检验的理论和实证分析框架。

首先，根据上面提到的财政动机模型，财政动机本身就有不同的表现形式，一种形式表现为短期（或即期）的财政收支压力，另一种形式表现为跨期的税收增长预期。虽然两种具体形式的财政动机对国企改制都有解释力，但后者将受到更多的干扰。一方面，干扰来自政府官员的目标短期化，换届压力使得改革者未必是改革的受益者；另一方面，干扰来自对改制后税收增长的预期，虽然事后来看20世纪90年代中期之后中国迎来了十几年的税收持续高增长，但企业改革的决策者当时能否预期到这种财政收入效应则存在疑问。因此，在下面的理论构造中，我们更多地依赖于即期财政压力来解释企业改制的动因。进一步，我们将这种即期财政压力分解为政府间纵向竞争所致的财政压力和政府间横向竞争所致的财政压力。这一想法分别受到 Qian 和 Roland（1998）与朱恒鹏（2004）的启发。Qian 和 Roland（1998）认为，分权治理结构下地方政府之间对流动资本，尤其是对外商直接投资（FDI）的横向竞争迫使地方政府增加基础设施投资，改进引资环境，这导致地方政府支出结构偏向：高于社会最优的基础设施投入和低于社会最优的公共服务提供。这提高了公共服务提供的边际效用，进而提高了地方政府救助亏损国有企业的机会成本，地方财政和国有企业预算因此硬化。他们的结论表明，财政分权和地区间财政竞争硬化了地方政府对国有企业的预算约束，这为20世纪90年代中期以来的国有企业变革提供了一个理论逻辑。我们称这一解释国企改制的思路为横向财政竞争框架。[1]朱恒鹏（2004）试图从实证上检验地区间竞争导致公有企业民营化的逻辑，他的证据显示，地区间竞争的加剧的确是公有企业改制的一个重要推动力量，但在其样本区间内（1994~2002年）全国性的公有制企业改制的主要推动力量不是分权化改革带来的地区间竞争加剧，因为在此期间地区间竞争并没有在全国范围内

---

[1] 强调地区间竞争导致国有企业破产、改制的文献还有很多，较早的如张维迎和栗树和（1998）。

普遍加剧。他进一步指出，1994 年的分税制改革给地方政府造成了很大的财政收支压力，这种压力的一个主要体现就是地方政府的财政自给率显著下降。也就是说，中央政府向上集中财权的动机给地方政府财政预算造成压力，地方政府救助亏损国有企业的意愿降低（所谓的"甩包袱"），并转而通过发展非国有经济扩大税基和收入。这就将政府间纵向财政竞争与国有企业破产、改制现象联系起来，我们称这一研究思路为纵向财政竞争框架。如此，我们就在现有的财政动机模型基础上发展出了更为精细的纵向和横向财政竞争双元解释框架。但这还远远不够，当前的财政动机模型大多考虑的是货币化的正式财政，而货币化和非货币化的非正式财政在我国以及其他发展中国家实际上也发挥着财政工具的作用，并且非正式财政往往在发展中经济体中发挥着更重要的作用，我们有必要将其纳入财政（政治）动机模型。为便于理解，我们对货币化正式财政、货币化非正式财政以及非货币化非正式财政这几个概念作一些必要的解释。货币化正式财政是指体现在政府预算收支账户上、以货币形态存在的财政工具，如税收及其相应的支出安排。货币化非正式财政是指列于预算外收支账户上、以货币形态存在的非正式财政工具，我们尤其强调的是土地出让或转让收入。非货币化非正式财政是指公共资源的转移既没有体现在预算账户上，也没有体现在预算外账户上，而是以一种类似于市场的、隐蔽的"交易"实现的，比如地方政府在改制过程中向改制后的企业低价（低于市场影子价格）转让国有土地，但要求改制后的企业承担一定的诸如就业、失业安置之类的改制成本，这些由改制造成的社会负外部性本应由地方政府承担。[①]

其次，非正式财政工具也是地方政府实现其财政目的的重要形式，

---

① 又如地方政府可以较低的价格协议出让土地，但要求受让方提供相应的基础设施配套投资，这样对土地收入的价格让渡就体现在了公共产品的私人捆绑提供上。国企改制中，国有土地转让价格与就业安置、买断工龄等福利安排捆绑在一起。

我们主要关注作为地方政府非正式财政工具的土地。要理解土地作为非正式财政工具推动国企改制的机制则要回到 20 世纪 90 年代张维迎教授与林毅夫教授关于国企改革方向的一场争论。张维迎教授认为国企改革的关键是产权制度改革，即国有企业的民营化。林毅夫教授及其合作者则强调国有企业的政策性负担（包括战略性政策负担和社会性政策负担）是地方政府与国有企业之间预算软约束的重要根源（Lin 等，1998、1999、2004），剥离国有企业的政策性负担，对应建立完善的社会保障体系，使企业和政府的社会分工合理化，使各种经济类型的企业公平竞争，而非简单的国有企业私有化。即使国企私有化了，在缺乏完善的社会保障体系承接各种政策性负担的情况下，预算软约束问题只会更加严重，东欧和苏联私有化以后的事实证明了这一点（World Bank，1996）。我们认为，张维迎教授指出的产权改革方向是正确的，但没有充分考虑作为改革主体的地方政府的财政和政治动机。而林毅夫教授的观点虽然得不出国有企业产权改革的必要性，但他指出了国企改革过程中政策性负担的重要影响。事实上，对国企改制的实证经济学研究也注意到了与此类似的问题，如王红领、李稻葵和雷鼎鸣（2001）就指出，政府对失业的担心是国有企业民营化或破产清算的重大障碍。杨治、路江涌和陶志刚（2007）也指出，企业盈利能力越强，雇用人数越多，政府通过企业实现其他目标的可能性也就越大，保证其政治收益的可靠性越高，其对政府的效用函数而言价值越大，企业越不会改制。

这些争论和研究促使我们思考这样的问题：既然从理论上看，剥离国有企业的政策性负担优于简单的私有化，那么为什么实际上大量的中小国企选择了民营化的道路？为什么中国的中小国企民营化之后，预算软约束问题没有出现大规模的反弹，并且软约束不再是一个特别普遍和严重的问题？[1] 国有企业政策性负担的剥离需要一个相对健全的社会保障体系，而这一体系的建立和完善绝非朝夕之功，在缺乏社会保障和其他政策性负担"吸收器"的情况下，地方政府不会轻易将"包袱"甩给社会，因为地方政府会权衡"甩包袱"可能产生的社会负外部性成本与维持预算软约束所支付的财政成本，只有当"甩包袱"产生的社会负外部性成本小于预算软约束所产生的财政成本时，"包袱"才会被甩出。那么，是什么因素导致了"甩包袱"所产生的社会负外部性成本下降呢？我们认为，城市国有土地二级市场的要素市场化提供了一个具有吸引力的理论逻辑。首先，20世纪90年代前，中小国有企业的土地大多是政府直接划拨，而且大都坐落在城市或城镇中相对较好的地段；其次，随着多种所有制经济的发展（这一点与张军等提出的私营部门竞争论相一致），土地需求增加，土地（使用权）价格上涨，那么中小国有企业的"影子"土地价值相对于企业本身的价值不断上升；最后，交易才能实现价格和价值，国有企业的产权只有进入交易其土地价值才能实现，合则潜在土地收益就只能与国有产权一起"沉淀"。因此，对于身处亏损的中小国有企业，只有通过产权交易（民营化）才能实现其不断增值的土地价值，"沉淀"的收益（Sunk Benefits）变为现实的收益，土地或成为国有企业政策性负担的"吸收器"，在社会保障体系尚未健全时非常隐蔽地起到了非正式社会保障的作用，从而使20世纪90年代中期以来的国企改制虽暗潮涌动，却波澜不惊。[2] 政府虽然没有使用正式的财政工具来提供企业改制所必须支付的社会成本，但却通过非正式财政工具——地方政府拥有控制

---

[1] 当然，我们并没有否定对预算软约束的研究价值，Kornai、Maskin 和 Roland（2003）就指出预算软约束概念的提出虽然来自对社会主义国家经济现象的观察，但这一概念具有一般意义，预算软约束现象不仅存在于社会主义国家的国有企业，而且存在于资本主义经济中。

[2] 尽管国企改制过程中的利益分配不公，包括本章中强调的土地收益的分配，广为诟病，但不容置疑，城市土地市场的发育为中小企改制提供了条件，一方面，部分地吸收了国有企业的政策性负担，使地方政府硬化国企预算约束的激励增强；另一方面，在土地价格方面向买方的利益让渡可能提高了买方购买国有产权的激励。

权的土地实现了这一财政目的。我们似乎可以称为国企改制的非正式财政机制。

至此，我们从地方政府财政和政治动机的角度理出了一个理解20世纪90年代中期至21世纪初期国有产权制度激变的综合性分析框架。在第三节，我们将以图示的方式更加清楚地重塑正式财政下的横向财政竞争—国企改制机制、纵向财政竞争—国企改制机制和非正式财政—国企改制机制。理论逻辑论证之后是实证检验。第四节为计量模型设定与数据描述。第五节为实证结果。第六节为本章小结。

第三节　理论框架

古人云："执两用中。"我们首先将以下各理论框架中的差异极端化，相同相似之处略去不谈；然后在实证框架中折中考虑各极端情形中的重要变量。

一、正式财政：横向财政竞争框架

Qian 和 Roland（1998）主要强调了横向财政竞争机制，该框架假定地方政府在预算约束下有三类支出：基础设施支出、公共服务支出和国有企业补贴支出。为使问题更加凸显，我们只考虑政府的基础设施和补贴支出，这一方面与当时我国地方政府的建设性财政特征相符合，另一方面在边际上国有企业补贴支出与公共服务支出存在替代关系，硬化国企预算约束（"甩包袱"）可能造成社会负外部性，必然倒逼出更多的公共服务支出，因此将公共服务支出与国企补贴支出合为一体在"边际"的意义上也是可行的。

图 6-1 描述的是一个不存在中央政府的完全地方分权经济，横轴表示地方政府的国企补贴支出，纵轴表示基础设施支出。当资本不可以跨国、跨地区自由流动时，地方政府的支出偏好结构（无差异曲线 U_0）与预算线 A_0B_0 相切于 E_0，由此得出均衡状态的基础设施支出 a_0 和国企补贴支出 b_0。当资本可以跨国、跨地区自由流动时，地方政府为吸引流动的资本，倾向于更多的基础设施投入，也即地方政府对基础设施投入的边际价值评价高于社会边际价值评价。地方政府支出偏好结构的变化反映在无差异曲线上就是 U_0 向 U_1 的移动，U_0 和 U_1 反映地方政府相同的效用水平，但地方政府支出的偏好结构已经因对流动性资本的竞争而发生变化。[1] 无差异曲线 U_1 与预算线 A_0B_0 相切于 E_1，对应新的均衡的基础设施支出 a_1 与国企补贴支出 b_1。$a_1 > a_0$，$b_1 < b_0$，在地区竞争压力下地方政府基础设施投入增加，对国有企业的补贴减少，对亏损国企的预算约束硬化，从而可以解释地方政府横向竞争机制下的国有企业民营化进程。

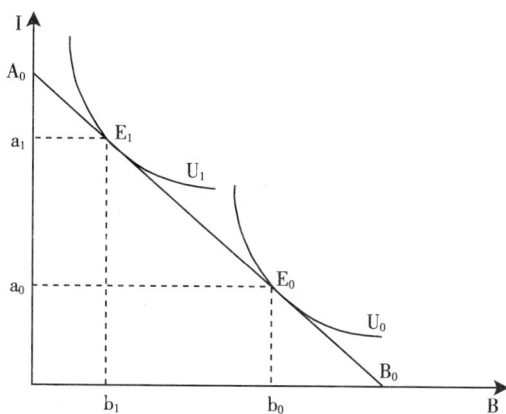

图 6-1 横向财政竞争框架

---

[1] 正因为 U_0 和 U_1 反映的是不同支出偏好结构下的地方政府行为，所以两条无差异曲线可以相交，这里的地方政府类似于消费理论中两个偏好结构不同的消费者。

二、正式财政：纵向财政竞争框架

与横向财政竞争框架不同，纵向财政竞争框架的落脚点在政府间纵向的财政收入竞争上，即 1994 年以及之后中央向上集中财权给地方政府造成的财政压力。这一框架隐含着分权竞争的地方政府，但重点关注中央—地方上下级之间财政互动对地方政府支出结构的影响。

如图 6-2 所示，仍然假定地方政府只有基础设施和国有企业补贴两类支出，并且地方政府的支出偏好不变（从而忽略了横向竞争框架中的地方政府支出偏好结构扭曲），表现为一组不相交的无差异曲线 U_0 和 U_1。中央向上集中财权，地方政府可自由支配财力下降，表现为预算约束线从 A_0B_0 平行向内移动到 A_1B_1。初始均衡 E_0 对应基础设施支出 a_0，国有企业补贴支出 b_0。在纵向财政竞争压力下，一种可能的状态是均衡点移动到 E_1，对应基础设施支出和国有企业补贴支出分别为 a_1、b_1。$b_1 < b_0$，表明地方政府在纵向财政竞争压力下将减少对亏损国有企业的补贴支出，国有企业预算约束硬化，破产、改制进程加速。需要注意的是，由于没有考虑地方政府为吸引流动资本而展开的基础设施投入竞争，从而有 $a_1 < a_0$。

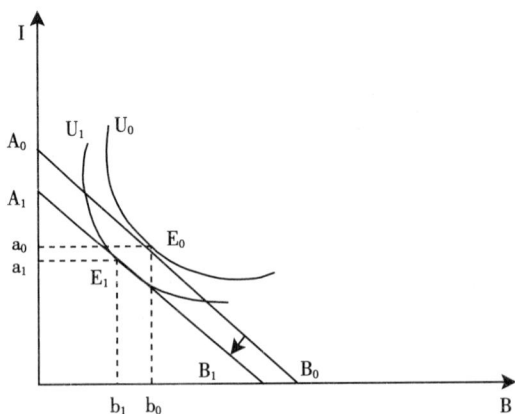

图6-2 纵向财政竞争框架

三、非正式财政框架

该框架也是基于地方政府的财政动机，但由于利用的财政工具不同，它描述了地方政府的这样一个基本权衡：面对日益亏损的国有企业，地方政府想"甩包袱"减轻财政负担，但"甩包袱"会产生负的社会外部性（如失业），如果没有对应的政策性负担"吸收器"（如社会保障系统），那么"包袱"是甩不掉的（即使国企被私有化）。社会保障系统的建立和完善是企业与政府分工的结果，分工演化绝非一蹴而就。城市土地二级市场的市场化为一种社会分工模式（企业办社会）向另一种社会分工模式（企业、政府各有分工）的平稳过渡提供了可能性。

让我们简单地回顾一下我国城市土地使用制度的演变。

在计划经济条件下，国营企业是国家通过财政投资建立起来的，企业的利润上缴给国家财政，企业缺乏经济的独立性，也不是一个利益主体，只是政府的附属物。因此，企业依靠行政划拨获得土地，并且无偿、无限期使用土地乃是天经地义、顺理成章的事情，企业筹建过程中，土地无须算账和计价，更不允许买卖；在企业的经营活动和经济核算中，对土地使用不计成本，不列入费用，得不到价值反映。[1]

改革开放以来，大量非国有企业纷纷建立和发展起来，它们是独立的利益主体。它们与国家的关系非同国有企业与国家的关系。因此，非国有企业（包括外资企业），如何取得和使用土地就成为一个新的问题。土地使用权和使用费的概念在改革开放之初引进外资的过程中被提出。1979 年 7 月 1 日，第五届全国人民代表大会第二次会议通过的《中华人民共和国中外合资企业经营法》规定："中国合营者的投资可包括为合营企业经营期间提供的场地使用权。如果场地使用未作为中

---

[1] 杨重光、吴次芳：《中国土地使用制度改革十年》，中国大地出版社 1996 年版。

国合营者投资的一部分，合营企业应向中国政府缴纳使用费。"① 可见，国民经济中多种经济成分的并存是土地使用制度改革的重要动力。

1987 年是中国土地使用制度变革的一个转折点。这一年，深圳特区率先实行土地使用权有偿出让，之后中国城市土地利用开始出现行政划拨与有偿出让土地使用权并存的体制。1990 年国务院发布的《中华人民共和国城镇国有土地使用权出让和转让暂行条例》则明确规定了获得土地使用权可以通过土地使用权出让、转让和划拨等形式。1992 年以来，随着改革力度的加大和经济建设步伐的加快，土地使用制度改革迅速推进，有偿出让的数量和地区明显扩大。据统计，到 1992 年 4 月，全国仅有 17 个省（自治区、直辖市）开展出让试点工作，而到 1992 年底，这项工作已经覆盖了除西藏外的全国 29 个省（自治区、直辖市），经济特区和部分沿海城市已全面推行土地有偿使用制度，土地供应主要采用出让方式。1992 年，全国共出让土地 2800 幅，总面积 21890 公顷，收取出让金 525 亿元，分别是 1989~1991 年的 2.2 倍、7.3 倍和 17.2 倍。

20 世纪 90 年代后半期，土地价值更是逐步凸显，1999 年全国国有土地出让成交价款占地方预算内收入的比重为 9.19%，2002 年提高到 28.38%，2007 年这一比重已经达到 51.83%。② 存量土地还可以通过转换土地用途而实现价值增加，比如原工业用地转为商服用地或住宅用地。表 6-1 列出了近年来不同类型国有土地供应出让的平均成交价格，由此可窥一斑。

多种所有制经济的发展打破了计划经济条件下城市土地使用的单一行政划拨机制，土地要素市场的发育使土地的价值被发现和实现，然而，这一过程首先发生在增量土地市场上，原有国有企业依靠行政

---

① 1980 年 7 月 26 日，国务院又颁布了《关于中外合营企业建设用地的暂行规定》。规定指出："中外合营企业用地，不论新征用土地，还是利用原有企业的场地，都应计收场地使用费。"对场地使用费的计算、使用费的水平、使用费的具体标准的确定以及使用费的投资方式等都作了详细和具体的规定。

② 笔者根据《中国国土资源统计年鉴》（2007、2008）和《中国财政年鉴》（2008）相关数据计算得出。

表6-1 不同类型国有土地供应出让平均成交价格

单位：万元/公顷

用地类型＼年份	2003	2004	2005	2006	2007
商服用地	355	539	634	659	871
工矿仓储用地	125	132	138	119	156
住宅用地	598	670	680	821	1131

资料来源：《中国国土资源年鉴》(2003~2007)、《中国国土资源统计年鉴》(2008)。

划拨获得的土地则只有"影子价格"，成为沉淀的利益，除非国有产权进入交易市场。当亏损国有企业所拥有的"沉淀利益"随着土地使用市场化程度提高而不断提高到足以抵消国企改制所产生的社会负外部性时，地方政府主导的产权交易就会发生。图6-3描述了这一过程，其横轴表示时间，纵轴表示土地价格或国企破产、改制的边际社会成本。假定从计划经济到市场经济转型过程中，土地市场逐步发育，土地的价格逐步被发现，且随时间的推移而增加。同时假设亏损国企破产、改制的边际社会成本也是递增的，因为积累的政策性负担在不断增加。最后，假定在经济转型期间，由于非国有经济的迅速发展，土地价格的增长快于国企破产、改制的边际社会成本的增长。[①] 如图6-3所示，土地价格曲线 P_L 与边际社会成本曲线 SMC 相交于时间 B，在此之前，如时间 A，（沉淀的）土地价值不足以弥补国企破产、改制可能产生的社会成本，因此地方政府仍以补贴来维持企业的运营。在此之后，如时间 C，（沉淀的）土地价值足以弥补国企破产、改制可能产生的社会成本，地方政府便有很强的激励停止补贴，并推动亏损国有企业破产、改制。严格来讲，亏损国企破产、改制浪潮来临的时间应该略早于 B 时刻，因为地方政府是地方国企破产、改制的主导者，是继

[①] 前两个假定显而易见，第三个假定的合理性受到以下事实的支撑：非国有经济的迅猛发展使土地需求迅速增加，土地价格增长较快；要素市场由管制到放开管制，往往伴随着一个较快的价格增长过程；国企改制的边际社会成本也随着社保体系的逐步建立而得到部分抵消。如果这些事实仍不能令人对此假定感到有把握，最好的办法是交给下文的实证检验。

续维持预算软约束还是硬化预算约束，地方政府还要考虑到向这些亏损国企提供补贴的财政成本，如果以土地"沉淀利益"对冲之后的边际社会成本仍然为正，且小于地方政府维持预算软约束所必须付出的边际财政成本，那么国有企业预算硬化和破产改制就会系统性地发生。

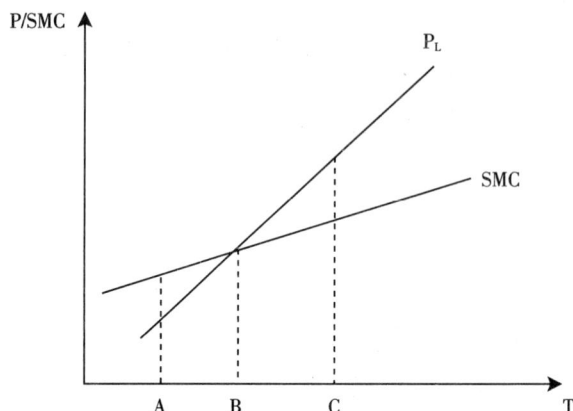

图6-3 国企改制与非正式土地财政框架

需要注意的是，国企改制过程中对土地财政工具的运用方式不同于21世纪以来以房地产发展为支撑的土地财政模式，后者的特征是货币化的土地出让金，按照前面的定义，土地出让金属于货币化非正式财政的范畴，而国企改革中对土地财政工具的运用更多的是通过非货币形式，地方政府拥有实际控制权的国有土地转让交易合约与改制前后国企—民企之间的社会负担转嫁合约（如再就业、失业补偿等）被捆绑在一起，实现了一种类似于非货币化的物物交易。在国有产权交易过程中，地方政府以对民间部门较低的土地转让价格换取民间部门对原国企社会性负担（或改制社会成本）较多分担的隐性承诺。国有企业土地"沉淀利益"的分享机制对应着改制社会成本在政府与民间部门之间的分担机制。国企改制的社会成本既定，其他国有资产的清算收益既定，土地"沉淀利益"的"影子价格"越高，可供改制决策主体（地方政府与企业）分割的"蛋糕"就越大，双边的改制激励有可能同时提高。现实中，经济改革和企业改制的社会负外部性并没有完全由地方政府和改制后企业承担，个人实际上承担了相当大的部分，职工个人在与决策主体的博弈中处于天然的劣势，这一格局决定了促发改制的土地价值临界值低于社会最优水平。也就是说，国企改制进程的加快（相对于自然的土地升值对应的改制临界值）是以社会成本的不公平分担为代价的。

第四节 计量模型设定与数据描述

我们将在以上理论框架的基础上，从实证上判断到底是哪一种或哪几种力量实际推动了大范围的国企改制。

一、变量选择和构造

考虑到相关数据的可得性，我们选取 30 个省、自治区、直辖市 1999~2006 年的省级面板数据（西藏除外）来检验以上逻辑假说。以国有及国有控股工业企业单位数的自然对数值 Lsoe 作为因变量。解释变量需要三组，第一组变量 H 反映地方政府之间的横向竞争，第二组变量 V 反映不同层级政府（中央与省）之间的纵向财政竞争，第三组变量 L 反映土地价格。

根据 Qian 和 Roland 框架的逻辑，更激进的 FDI 引资策略将导致更偏向基础设施的政府支出结构，降低地方政府补贴亏损国有企业的激励，从而导致更多的民营化（国有企业数量下降）。因此，我们构造 FDI 竞争指标来反映地方政府之间的横向竞争关系，其中的关键是采用何种指标能更好地反映这种横向竞争关系。一种办法是直接以各地区的实际 FDI（对数值）作为代理变量，但其缺陷也明显，因为 FDI 的流入与地区本身的禀赋相关，更多的 FDI 流入量并不能被地区间竞争完全解释，尤其是在差异巨大的地区之间。另一种办法是用加权相对 FDI（本地 FDI 除以加权 FDI，以 RFDI 表示）来消除地区差异造成的引资能力差异，但没有十全十美的技术方法，因为加权结构的选择本身就具有主观性。由于竞争往往发生在地理位置和经济条件类似的地区之间，所以我们分东部、中部和西部三大区域来计算地区间的 RFDI，[1] 即区域外省市 FDI 加权系数为零，区域内平均加权。例如，我们规定北京属于东部地区，那么在计算北京的 RFDI 时，是用北京吸引的 FDI 除以东部地区其他省市的平均加权 FDI。[2] 按照这一构思，RFDI 越大，表明本地吸引的 FDI 越多，基础设施投资需求越大，地方政府维持国有企业预算软约束的激励越小，从而理论上 RFDI 与国企数量 Lsoe 负相关。

反映政府间纵向竞争的第二组变量有两个子指标。首先，纵向财政竞争发生在预算内，我们以中央与省之间的税收分成比例变化来表示这种竞争关系，其中又可以分为名义税收分成比例和实际税收分成比例。名义税收分成比例 Cent1 指的是中央级税收收入占国家税收收入的比例，实际税收分成比例 Cent2 指的是考虑到税收返还后的分成比例，即中央级税收收入减去税收返还后除以国家税收收入。虽然在理论上 Cent1 和 Cent2 都与 Lsoe 负相关，但地方政府行为是对名义税收分成比例还是对实际税收分成比例敏感，这要看实证检验的结果。

---

[1] 东部地区包括：北京、天津、河北、辽宁、吉林、黑龙江、上海、江苏、浙江、福建、山东、广东、广西、海南、中国台湾；中部地区包括：山西、内蒙古、安徽、江西、河南、湖北、湖南；西部地区包括：重庆、四川、云南、贵州、陕西、甘肃、青海、宁夏、新疆。

[2] 加权方案的选择具有很大主观性，例如，Devereux 等（2007）在考察美国香烟和汽油消费税政府间互动的研究中指出了四种加权方案：一是将其他地区的税率进行简单的算术平均。二是将与其接壤地区的税率进行平均化，非接壤地区的税率无影响。三是对第二种的改进，考虑到边界的长短和人口密度等因素。四是考虑到香烟走私因素，将香烟消费税最低的三个州的平均税率作为外部加权税率。

其次，纵向财政竞争也发生在预算外领域，这种竞争可以理解为中央政府对地方政府财政收入形式的规范化，我们以预算外收入占地方本级预算内收入的比重 Renor 来表示，简单的数据观察就可以发现，分税制改革之后的地方财政规范化进程非常明显，这种规范化很大程度上来自中央的压力，这约束和限制了地方财力，根据纵向财政竞争的逻辑框架，这将导致地方政府对国有企业的预算约束硬化。因此，地方财政规范化压力越大（Renor 越小），国企破产、改制激励越大，理论上 Renor 指标应与因变量 Lsoe 正相关。

第三组变量只有一个 Lp，但可以有两种选择：一种选择是国有土地使用权出让的平均价格；另一种选择是土地使用权转让的平均价格。我们认为后者更符合本章的逻辑需要，因为出让土地的位置与转让土地的位置往往有很大不同，出让土地更多来自郊区或农业用地转建设用地，转让的情形似乎更接近国有企业改制的环境。土地转让价格要扣除物价上涨因素，我们用地区固定资产投资价格指数来平减。[①] 根据非正式财政框架的逻辑，土地价格 Lp 一旦超过某一临界值，国有企业破产、改制进程将加速，Lp 与因变量 Lsoe 负相关。在模型中，Lp 是实际土地转让价格的自然对数值。

二、数据描述

Lsoe：国有及国有控股工业企业单位数自然对数，1999~2006 年，资料来源于《中国统计年鉴》（1999~2007）。

Lp：国有土地使用权转让平均价格（以固定资产投资价格指数平减）自然对数，1999~2006 年，资料来源于《中国国土资源年鉴》（1999~2007）、《中国统计年鉴》（1999~2007）。

---

① 广东省缺失 2001 年之前的固定资产投资价格指数，海南省缺少 2000 年之前的固定资产投资价格指数，缺失年份均以消费者价格指数来代替。

RFDI：相对引资竞争力指标，1999~2006 年，根据《中国统计年鉴》（1999~2007）相关指标计算。

Cent1：预算内税收集中度，1999~2006 年，根据《中国税务年鉴》（1999~2007）相关指标计算。

Cent2：预算内税收集中度（扣除税收返还），1999~2006 年，根据《中国财政年鉴》（1999~2007）、《地方财政统计资料》（1999~2006）相关指标计算。

Renor：地方财政规范化指标，1999~2006 年，根据《中国财政年鉴》（1999~2007）相关指标计算。

各指标基本统计信息如表 6-2 所示。

表6-2　变量统计描述

Variable	Obs	Mean	Std. Dev.	Min	Max
Lsoe	240	6.9960870	0.6960956	4.8751970	8.3749380
Lp	240	0.0439670	1.4659030	−5.7519560	4.5921853
RFDI	237	1.1418360	1.2597600	0.0000000	8.7574860
Cent1	240	0.5127380	0.0745789	0.3154560	0.7146335
Cent2	240	0.3244216	0.1059017	0.0772051	0.6248209
Renor	240	0.4665525	0.1771192	0.1053258	1.0189190

注：Rfdi 观察值为 237 是因为部分地区 FDI 值缺失。

三、计量模型设定

按照惯例，具有个体效应的面板数据模型设定如下（括号中的符号表示预期的解释变量与因变量之关系）：

$$\text{Lsoe}_{it} = \alpha + \beta_1 \underset{(-)}{\text{RFDI}}_{it} + \beta_2 \underset{(-)}{\text{Cent}}_{it} + \beta_3 \underset{(+)}{\text{Renor}}_{it} + \beta_4 \underset{(-)}{\text{Lp}}_{it} + u_i + \varepsilon_{it}$$

其中，$i = 1, \cdots, 30$；$t = 1999, \cdots, 2006$。

对于一阶差分模型，

$$d.\text{Lsoe}_{it} = \eta_1 \underset{(-)}{d.\text{RFDI}}_{it} + \eta_2 \underset{(-)}{\text{Cent}}_{it} + \eta_3 \underset{(+)}{d.\text{Renor}}_{it} + \eta_4 \underset{(-)}{d.\text{Lp}}_{it} + \varepsilon_{it}$$

其中，$i = 1, \cdots, 30$；$t = 1999, \cdots, 2006$。

第五节 实证结果

考虑到面板数据模型的残差可能具有异方差且与序列相关，我们采用异方差稳健性估计（Heteroskedasticity-robust Estimator）和聚类稳健性估计（Cluster-robust Estimator）来改善效率。前者在存在异方差的条件下，估计仍然是有效率的。后者假定面板数据残差项在个体内时间序列上具有序列相关，而在个体间不相关，该估计不仅是聚类稳健的，而且是异方差稳健的。下面的实证模型，我们都采用聚类稳健性估计。

表 6-3 分别给出了固定效应（fe_c1、fe_c2）和随机效应（re_c1、re_c2）模型。经典 Hausman 检验无法应用于聚类稳健性估计，必须使用稳健 Hausman 检验。比较模型 fe_c1 与 re_c1，这实际上是一个约束过度识别检验，Sargan-Hansen 统计量为 30.886，在 0.01 的显著性水平上显著，故固定效应模型更可取。同样可比较模型 fe_c2 与 re_c2，Sargan-Hansen 统计量为 71.015，在 0.01 的显著性水平上显著，同样，固定效应模型更可取。此外，我们还考虑了面板数据的一阶差分模型（fd_c1、fd_c2），因为该模型虽然与固定效应模型类似，都通过差分消除了个体效应，但相对于固定效应模型，它具有一个优势，它仅依赖于一个弱外生性假定（允许回归元的未来值与当期的误差项相关），即满足 $E(\varepsilon_{it}|\alpha_i, X_{i1}, \cdots, X_{it}) = 0$，而固定效应模型所要求的强外生性假定则需满足 $E(\varepsilon_{it}|\alpha_i, X_{i1}, \cdots, X_{it}, \cdots, X_{iT}) = 0$。

表6-3 固定效应、随机效应与一阶差分模型

Variable	fe_c1	fe_c2	re_c1	re_c2	fd_c1	fd_c2
Lp	−0.0739***	−0.0489***	−0.0572***	−0.0408**	−0.0146***	−0.0186***
	(0.0208)	(0.0177)	(0.0216)	(0.0173)	(0.0044)	(0.0063)
RFDI	0.0308	0.0232	0.0505	0.0371	−0.0047	−0.0129
	(0.0459)	(0.0428)	(0.0473)	(0.0437)	(0.0141)	(0.0146)
Cent1	−0.1317		0.5584		0.2818**	
	(0.7698)		(0.7320)		(0.1335)	
Cent2		−2.2736***		−1.9352***		−1.2035***
		(0.5010)		(0.5196)		(0.2664)
Renor	1.5998***	1.0642***	1.6526***	1.1616***	0.4741***	0.5832***
	(0.2702)	(0.2864)	(0.2540)	(0.2776)	(0.1689)	(0.1720)
_cons	6.2984***	7.2261***	5.8839***	7.0405***		
	(0.4161)	(0.2314)	(0.4470)	(0.2809)		
N	237	237	237	237	205	205

注：＊表示 $p<0.1$；＊＊表示 $p<0.05$；＊＊＊表示 $p<0.01$。

总结表6-3中的结果可以发现：土地转让价格Lp在各个模型中都显著；地区间FDI竞争指标RFDI在各个模型中都不显著；国企改制对地方政府实际税收分成比例Cent2比对名义税收分成比例Cent1更敏感；发生在预算外的纵向财政竞争指标Renor在各个模型中都显著。由此得出的判断是，20世纪90年代中后期以来，地方政府间横向竞争压力推动国企改制的作用不明显，这与朱恒鹏（2004）的判断基本一致。但政府间纵向财政竞争的加剧是推动国企改制的显著性力量，这种纵向财政竞争不仅表现在实际税收分成比例的变动上，而且表现在中央政府对地方预算外收入的持续规范化压力上。城市土地二级市场的发育，国有企业土地资产"影子价格"的不断上升与地方政府财政压力一拍即合，两股力量的相遇实现了国企改制的大规模推进。所要指出的是，虽然本章研究受到数据方面的约束，[①] 但是，通过较为晚些时期的数据得出的结论对理解早先国企改制发生机制也有积极的参

---

① 一方面，20世纪90年代中期之前的土地价格数据没有系统的统计；另一方面，90年代的《地方财政统计资料》极难获取，而这些资料是准确估算纵向政府间竞争关系所需的。

考价值。就财政压力而言，20世纪90年代初期到中后期，地方政府财政压力的来源可能经历了一个由横向竞争主导型到纵向竞争主导型的转变。就土地而言，80年代末期之后，土地的市场价值就逐渐体现出来，以至于在90年代中期酝酿了一场区域性的土地"泡沫"，由此可见，即使在国企改制大规模出现的初期，作为非正式财政工具的土地可能已经开始成为推动这场变革的一股显著的力量。

第六节 本章小结

本章在一系列前人研究成果的基础上，从地方政府的财政或政治动机出发，为理解20世纪90年代以来的国企改制发生和扩散机制提供了一个新视角。主要结论和启示如下：

（1）在既有国企改制的财政动机模型基础上，我们明确了政府间横向财政竞争和纵向财政竞争产生国企改制压力的微观机制。20世纪90年代后期以来的省级面板数据为纵向财政竞争推动地方政府进行国企改制提供了证据。受数据方面的约束，我们不能判断横向财政竞争是否在90年代初期曾经是推动国企改制的主要动力。政府间财政关系从横向竞争主导型向纵向竞争主导型转变这一现象本身就是一个值得进一步研究的论题。

（2）当中小国企大面积亏损的时候，地方政府的国企改革"非不欲也，而不能也"。在社会保障体系尚无法有效吸收国企改制可能产生的社会负外部性的情况下，国企改制进退维谷。随改革开放而逐渐得到发育的城市土地要素市场为企业与政府走向合理分工提供了一个桥梁，国有企业的土地"沉淀利益"因产权交易（改制）而实现，成为非正式的社会政策性负担"吸收器"，我们在书中称为国企改制的非正式财政工具。

（3）区别于既有的国企改制财政动机模型，我们引入了土地这种为地方政府所能利用的非正式财政工具。国企改制中，地方政府对土地财政工具的运用是多样化的，我们将其抽象为货币化非正式财政工具和非货币化非正式财政工具。在当今意义上的"土地财政"未成型之前，非货币化的土地财政交易占优。企业改制中，地方政府以低于市场"影子价格"转让国有土地，但同时也将相应的改制社会成本捆绑转嫁给改制后的企业。

（4）土地"沉淀利益"在国企改制交易中变现的分配问题非常复杂，涉及地方政府、企业与职工之间的利益博弈，抛开具体的分配细节，不可否认，随着市场化进程中土地价值的升值（其他有形资产往往是不断贬值的），与较小的"蛋糕"相比，博弈更可能取得均衡解。均衡解的获得也就意味着国企改制能够得以平稳推进。

（5）本章的研究不仅有助于我们理解国企改制的发生机制，而且还使我们从一个侧面看到了中国渐进市场化改革的逻辑：（地方）政府拥有关键性稀缺要素（如土地）配置权，民间部门拥有资本和劳动配置权，在改革的初期，（地方）政府可以扭曲性稀缺要素价格刺激市场化改革；在改革的后期，政府对关键要素的扭曲性定价可能是社会分配不公、经济结构失衡的主要来源之一。国企改制的案例证明了这一点，价格双轨制的兴起与衰落也证明了这一点，迫在眉睫的经济结构性调整或许也将证明这一点。

第七章 "中国式"财政互动的后果：基础设施供给的逻辑

第一节 引言

改革开放以来，尤其是 20 世纪 90 年代中后期以来，中国的城市基础设施获得了飞速发展。以高速公路为例，1988 年，上海至嘉定高速公路的通车，标志着中国大陆高速公路零的突破。1999 年高速公路里程突破 1 万公里，2002 年突破 2 万公里，2004 年突破 3 万公里，2005 年突破 4 万公里，2007 年突破 5 万公里，2008 年突破 6 万公里，而到 2009 年 6 月，中国已建成的高速公路达到 7.5 万公里左右（见图 7-1）。从零起步到 1 万公里，用了不到 12 年的时间；从 1 万公里到 7.5 万公里，只用了短短的 10 年时间，我国高速公路的发展速度举世瞩目，规模已居世界第二位，世界高速公路里程最多的国家美国，也只有 8 万公里。中国目前用于高速公路的投资与美国和日本拓展高速公路网初期的投资大致相当，美国和日本都花了超过 40 年的时间才基本建成高速公路网络，而中国的高速公路建设只有 20 年的历史，且主要集中在 20 世纪 90 年代中期之后的十几年。交通运输部公布的"2009 年上半年公路、水路交通运输经济运行情况"表明，全国新开工高速公路建设项目 111 个，建设里程 1.2 万公里，计划总投资约 7000 亿元，同比分别增长了 3.6 倍、5.9 倍和 6 倍。20 年前，国人因缺少高速公路投资而绞尽脑汁，20 年后却因快得让人惊愕的高速公路建设速度而忧心忡忡：中国的高速公路网是否已经开始过剩？无独有偶，排水管道、煤气管道、通信设施等基础设施也表现出了类似的发展轨迹。我们关心的问题是：为什么 20 世纪 90 年代中后期以来，中国的基础设施建设速度超常之快？或者说基础设施建设体制背后有怎样不寻常的投资激励？

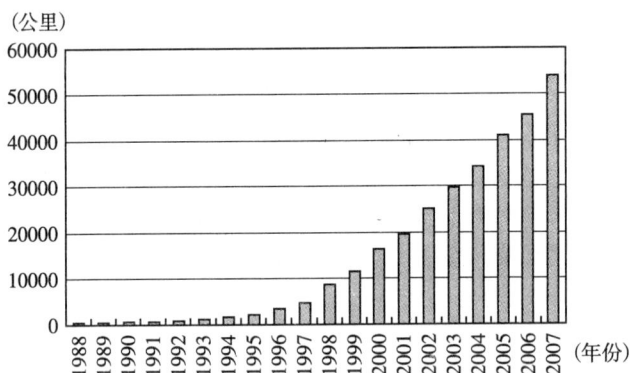

图 7-1　1988~2007 年高速公路累计里程

资料来源：中经网统计数据库。

经济分析离不开供给和需求，只有超常的需求与超常的供给能力相结合，才能形成非常规的高速增长。因此，我们所关心的问题就可以转化为：中国对基础设施的超常需求是如何形成的？对应这种需求的超常供给能力又是如何出现的？我们将指出这样一个综合性的分析框架：地方政府间的横向竞争制造了超常的基础设施需要，而 20 世纪 90 年代中后期以来政府间的纵向财政竞争则刺激形成了一种与土地要素市场发育过程相关的基础设施供给能力创新。作为对比，90 年代分税制改革之前，只有超常的需求而无超常的供给激励；当今，如果要适当控制过高的基础设施投资热情及其对应的财政风险、金融风险，在政策选择上也只需控制住超常的供给激励。

第二节 相关文献回顾

关于基础设施投资水平决定的研究主要来自实证方面。Randolph、Bogetic 和 Hefley（1996）使用 1980~1986 年涵盖 27 个落后和中等收入国家的面板数据与时序数据研究了决定基础设施投资的各种因素，除了反映经济结构的指标如发展阶段、财政与国际收支平衡状况、贸易条件和制度等之外，特别强调了人口密度、城市化水平、城乡结构和劳动参与率的影响。他们的结论是，人均基础设施支出对经济发展阶段、城市化水平和劳动参与率最为敏感。Henisz（2002）使用 100 多个国家长达两个世纪的数据研究了基础设施投资的决定。结果表明，政治环境是解释国家间关键基础设施投资差异的重要决定因素。Cadot O.、Roller 和 Stephan A.（1999）及 Castells A.和 Albert S.（2005）提供了一个类似的政治经济学框架来解释基础设施投资的空间配置，并分别以法国和西班牙的数据做了验证，政治考虑（选举压力或利益集团政治游说）在地区基础设施投资配置中发挥作用，地区基础设施投资与其选举生产率（Electoral Productivity）[1] 正相关。运用政治经济学方法研究基础设施投资决定，即把政策的制定看做一个内生变量，设定政府官员最大化目标函数进行分析，此类研究还包括 Glazer（1989）、Crain 和 Oakley（1995）、Rauch（1995）等。简单地归纳可以看出，这些对基础设施投资决定的研究大多是从需求角度出发的，需求分析是重要的，但如果需求受到供给能力的制约，实际基础设施的提供将仍

---

[1] 基础设施投资给选举带来的好处。

然是不足的。

20世纪90年代中期，以世界银行经济学家为首的一批学者开始关注财政分权与基础设施投资之间的关系，但直至今日，我们并没有太多可靠的经验证据，这在很大程度上是因为世界各国的分权形式林林总总，很难以一个统一的分权指标准确地测度每个国家的分权程度（Mookherjee和Bardhan，2006）。既有的文献也提供了某些洞见，例如，Estache和Sinha（1995）的研究指出分权倾向于增加一国总的基础设施投资和地方政府基础设施支出，并且这种倾向在发展中国家比在发达国家更明显。同时，既有的研究发现，财政分权倾向于提高私人部门对基础设施投资的参与度。沿着这一思路，对基础设施投资决定的研究就从需求分析走向了供给分析，政府的分权治理结构、私营部门的参与度以及基础设施融资方式创新等变量形成和改进了基础设施的供给能力。Bardhan和Mookherjee（2006）的论文进一步从理论上探讨了分权治理结构与分散化融资之间的匹配关系，并比较了基础设施融资的三种方式对基础设施投资的影响：完全由地方政府税收融资、完全使用者收费方式融资和完全由中央政府转移支付融资。集权化的融资方式容易受制于不受规制的官僚腐败，而分权化的融资方式则容易被地方精英集团"俘获"，使用者收费的融资方式则可以改进分权模式下的公平和效率权衡，尽管该方式也存在一些潜在的问题。

受前述政治经济学研究思路和财政分权研究思路的影响，张军等（2007）指出，中国在改进基础设施上的出色成就是中国式财政分权模式和政府治理转型的一个可以解释的结果。这个分权模式成功的地方在于"向上负责"的政治体制与财政分权的结合。在这个体制下，中央政府用"标尺竞争"取代了对地方政府的政治说教。地方官员为"政绩"而开展横向的竞争：不仅当地基础设施的改善有助于"招商引资"，从而实现更快的经济增长和改善政绩，而且显著改善的基础设施本身就是最容易度量的政绩。他们对中国基础设施投资的实证分析发现，在控制了经济发展水平、金融深化改革以及其他因素之后，地方政府之间在"招商引资"上的标尺竞争和政府治理的转型是解释中国基础设施投资决定的重要因素。

王世磊和张军（2008）在张军等（2007）实证研究的基础上进一步构造了一个理论模型，讨论了中国转型经济中地方政府和中央政府之间的层级激励机制，以及在此机制作用下的地方基础设施水平的表现。地方政府所面临的晋升政治激励为基础设施建设带来的驱动，但这个结论依赖性较强的关键部分是绩效评估的方式，在绝对绩效评估方式下面，政治激励与基础设施建设之间存在着确定性的正相关；而对于其他的一些情形而言，结论的成立与否还需要依赖于其他的一些特征，比如绩效评估方式、预期、风险、风险的态度、晋升概率等。

张光南和陈广汉（2009）提供了一个基础设施投入决定因素的跨国面板数据分析。他们发现，制度质量较高的国家，政府基础设施投入占政府收入的比重较高；上期基础设施支出、就业率和政府财政赤字的增加也使政府更倾向于制定增加基础设施投入的政策；而城市化程度、人口密度和政府规模较高的国家，政府税收收入中的基础设施投入比重相对较低；政府主要根据国内经济特征制定基础设施投入政策，而不是根据对外经济贸易状况制定。

比较国内外基础设施投资决定的理论和研究结果，我们可以发现，对中国基础设施投资高速增长的解释主要来自需求面，即解释了中国特有的分权治理模式下为什么产生了超常的基础设施投资需求。但是，无论是前面的国内外文献还是我们的理论直觉都告诉我们，需求受到供给能力的直接制约，很多发展中国家都认识到了基础设施对经济发展的重要性，但由于供给能力有限，它们的基础设施并没有得到明显改善。因此，只有揭示出中国基础设施供给能力是如何被超常改进时，对基础设施投资决定的研究才是完整的。

第三节 对中国基础设施投资供给面的几点思考

改革开放以来，中国基础设施建设领域供给面的以下几个变化可能增加了基础设施的供给激励，但我们将论证这些原因都不是导致中国基础设施超常发展的最主要原因。基础设施涉及面广，既有共性，也有差异，我们主要以交通基础设施为例来说明供给激励的主要变动。

一、"贷款修路、收费还贷"政策

公路建设的难题是资金短缺。在计划经济体制下，我国实行的是单一的政府投资管理方式。由于投入不足，远不能满足发展的需要。20 世纪 80 年代，地处改革开发前沿的广东省率先突破了传统的公路建设投融资体制，提出"以桥养桥，以路养路"的新思路，进行"贷款修路、收费还贷"的有益尝试，取得了巨大的成效。从此，贷款资金成为我国高速公路建设的主要资金来源，而收费还贷机制为我国高速公路建设事业的快速发展发挥了重要的作用。1984 年 12 月，国务院第 54 次办公会议将"贷款修路、收费还贷"确定为促进公路发展的优惠政策之一。明确规定交通部门可以利用贷款和集资建设公路，收取车辆通行费偿还贷款和集资；提高公路养路费的征收标准，部分用于公路建设；征收车辆购置附加费，用做公路建设专用资金。从此，公路建设开始引入社会资金，打破了传统的投资体制，实行投资主体多元化和公路收费制度。1988 年，国家批准了对贷款修建的高等级公路和大型公路桥梁、隧道实行收取车辆通行费的文件。

由于通过公开资料无法获得高速公路投资的专项数据，我们以城市基础设施投资的主要资金来源做一个粗略的替代。由表 7-1 可以发现，城市基础设施投资中中央财政拨款呈下降趋势，尤其是 1994 年分税制以后，中央投资所占比例更是迅速下降，1998~2001 年这一比例有所上升，这是中央政府对抗亚洲金融危机、以基础设施投资拉动经济增长的结果。地方政府财政拨款所占比例相对稳定，分税制改革前后并没有任何趋势性变化。毫无疑问，在基础设施领域，地方财政相对于中央财政的作用大大加强了，这既是分权的结果，也是社会分工合理化的结果。基础设施融资结构中的最大变化是国内贷款所占的比重，1986 年国内贷款只占 2.19%，2005 年则高达 30.80%，成为融资结构中的首位。形成这种格局的一个直接原因就是"贷款修路、收费还贷"政策。但是，这是否意味着"贷款修路、收费还贷"政策是促成中国高速公路网以超常速度发展的最主要原因呢？从图 7-1 可以发现，自 1988 年我国有了第一条高速公路以来，到 20 世纪 90 年代中期，高速公路里程并没有特别明显的增长，尽管同期"贷款修路、收费还贷"政策早已存在。因此，不能高估"贷款修路、收费还贷"政策的作用。

表 7-1　城市基础设施投资主要资金来源结构

年份	城市维护建设税（%）	中央财政拨款（%）	地方财政拨款（%）	国内贷款（%）	利用外资（%）	企事业单位自筹（%）	其他收入（%）
1985	28.36	12.27	10.61	—	—	—	32.22
1986	28.09	9.59	24.30	2.19	0.05	—	23.71
1987	27.00	9.28	13.77	3.76	0.05	—	34.01
1988	28.48	5.67	9.81	4.11	0.35	—	39.82
1989	32.88	4.99	9.28	2.42	0.55	—	37.72
1990	30.92	5.18	9.43	4.20	1.17	—	37.02
1991	26.14	3.75	10.43	8.62	4.03	—	35.55
1992	19.82	3.41	14.65	8.20	1.87	—	43.07
1993	16.87	4.64	10.23	7.67	2.38	—	51.71
1994	17.21	3.16	8.88	6.13	2.72	—	55.07
1995	18.20	2.76	9.37	6.16	3.29	—	53.78
1996	18.62	1.22	10.18	11.29	6.59	14.09	30.74
1997	17.17	1.26	10.40	14.93	12.67	9.71	28.26
1998	15.02	4.53	11.03	21.42	5.15	12.34	25.85
1999	13.47	6.47	10.54	23.00	3.04	14.60	24.53
2000	11.93	5.79	10.46	20.85	4.26	16.75	26.73
2001	10.73	3.55	12.82	29.36	2.23	16.21	22.74

年份	城市维护建设税（%）	中央财政拨款（%）	地方财政拨款（%）	国内贷款（%）	利用外资（%）	企事业单位自筹（%）	其他收入（%）
2002	10.01	2.41	12.44	27.69	1.93	19.03	24.51
2003	8.69	1.80	12.46	31.15	1.59	18.00	24.63
2004	8.49	1.00	12.66	27.49	1.41	17.12	30.30
2005	10.17	1.15	14.68	30.80	1.71	17.45	22.57

资料来源：《中国城市建设统计年鉴》（2007）。地方财政拨款包括省、市财政专项拨款和市级以下财政资金；其他收入包括市政公用设施配套费、市政公用设施有偿使用费、土地出让转让金、资产置换收入及其他财政性资金。

二、公路经营权转让和抵押贷款

1994 年 7 月，交通部发布了《关于转让公路经营权问题的通知》，首次明确允许通过转让公路经营权融资。转让公路收费权筹措公路建设资金，是我国深化公路建设投融资体制改革的有效尝试。1996 年 10 月 1 日，陕西西临高速公路收费权的成功转让是我国比较规范地通过转让公路经营权融资的典型范例。此后，各省都积极通过转让公路收费权，将具有一定经济效益的"收费还贷"公路，实行收费经营来筹措资金。高速公路特许经营权转让机制是高速公路实行有偿使用的一种独具特色的经营管理模式。1996 年，我国颁布的《公路经营权有偿转让管理办法》承认了公路经营权转让的合法性，经营权可以作为贷款抵押、担保。经营权转让不仅有助于贷款偿还，而且还建立了公路投资退出变现、盘活公路资产的渠道。将经营权抵押贷款降低了"贷款修路、收费还贷"运作过程中资金供给方的风险，从而刺激了基础设施信贷供给。从表 7-1 国内贷款的占比数据和图 7-2 国内贷款的绝对数量两方面来看，在 1996 年前后基础设施融资中的国内信贷无论是从结构上还是从总量上都开始快速攀升。同期，高速公路里程数也在快速增长（见图 7-1）。这似乎意味着公路经营权转让与抵押贷款政策与同期高速公路建设的超常发展有内在关系。但据统计，截至 2002 年底，收费公路贷款余额为 5900 亿元，贷款利息为 500 亿元，而同期收费额仅为 400 多亿元，不足以支付贷款利息。由于经营性收费公路效益差，其还贷比例仅为 44.5%（唐涌，2005）。可见公路经营权转让本身可能并没有太好的收益保障，这似乎又说明高速公路超常增长另有原因。

（万元）

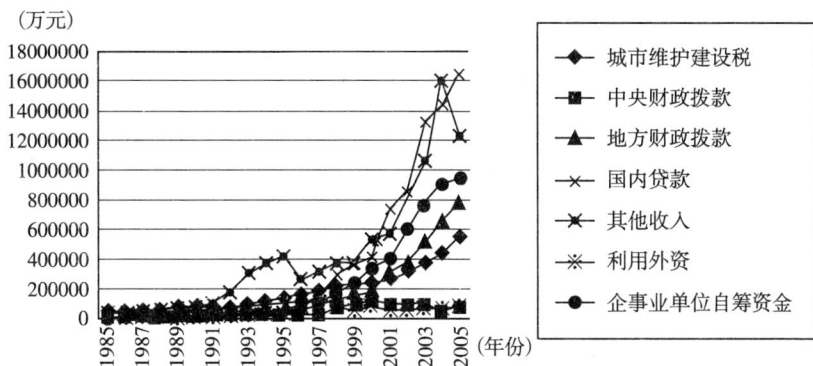

图 7-2　城市基础设施融资额（1985~2005 年）

三、利用外资

早在 20 世纪 80 年代中期，交通部就对外商投资建设交通项目制定了优惠政策。1992 年，交通部发出《关于深化改革、扩大开放、加快交通发展》的通知，进一步明确了对外开放、积极引进外资的方针，扩大了外资引入规模。党的"十四大"明确提出："引导外资主要投向基础设施、基础产业。"1993 年，交通部出台新的优惠政策，允许外商投资建设货主码头、专用航道、公路、大桥、隧道，提出适度发展中外合资的公路运输企业。1995 年，我国政府宣布采用 BOT 方式新建基础设施，使公路建设融资走向国际化。尽管高速公路建设中外资发挥了很大的带动作用，但从图 7-2 可以看出，利用外资的绝对数量在 20 年间没有太大的变化，其增长速度远远低于除中央财政拨款之外的其他融资方式。因此，利用外资不太可能成为基础设施投资超常发展的主要原因。

四、土地出让转让金

从图 7-2 可见，"其他收入"规模也相当庞大，增长速度相当快。

根据《中国城市建设统计年鉴》中的解释，"其他收入"包括市政公用设施配套费、市政公用设施有偿使用费、土地出让转让金、资产置换收入及其他财政性资金，其中土地出让转让金尤其值得关注。从表7-1和图7-2均可观察到1993~1995年"其他收入"明显走高，这很可能与当年土地"泡沫"导致的土地出让金大幅增加有密切关系。我们可以通过较为晚些的数据来说明土地出让金的相对规模，如表7-2所示。这里我们强调的是地方政府拥有配置权的国有土地被作为基础设施融资的一种金融工具。但土地出让与基础设施建设之间的关系并非如此简单，接下来的分析将表明基础设施建设项目与土地协议出让互相捆绑的开发模式大大提高了对投资者的激励，同时既降低了捆绑项目的信贷风险，又大大提高了商业银行提供信贷的激励。

表7-2 国有土地出让供应情况

年份	成交价款 （万元）	纯收益 （万元）	成交价款/地方预算内收入（%）	纯收益/地方预算内收入（%）	成交价款/地方预算外收入（%）	纯收益/地方预算外收入（%）
1999	5143295	—	9.19	—	16.30	—
2000	5955848	—	9.30	—	16.64	—
2001	12958896	—	16.61	—	32.78	—
2002	24167925	—	28.38	—	59.84	—
2003	54213113	17991157	55.04	18.27	129.47	42.96
2004	64121760	23397940	53.91	19.67	147.46	53.81
2005	58838171	21839678	38.96	14.46	114.44	42.48
2006	80776447	29782892	44.13	16.27	135.97	50.13
2007	122167208	45414161	51.83	19.27	194.20	72.20

资料来源：根据《中国国土资源统计年鉴》（2007、2008）和中经网统计数据库相关数据计算得出。

第四节　土地市场发育与基础设施投资

　　由于其物理属性，城市土地虽为国有，农村土地虽为集体所有，但实际控制权在地方政府。在计划经济时期，土地的配置是通过无偿行政性划拨方式来完成的。改革开放后，尤其是许多外资企业纷纷进入中国投资建厂，它们在其他国家，土地是作为一项重要的生产要素而投资的，并经过生产经营活动收回投资并获得利润，在转移企业或项目的同时转移土地，甚至从中获得土地增值收益。为适应对外开放的需要和与国际经济接轨，1979 年 7 月 1 日，第五届全国人民代表大会第二次会议通过的《中华人民共和国中外合资企业经营法》提出了土地使用费的概念。该法规定："中国合营者的投资可包括为合营企业经营期间提供的场地使用权。如果场地使用权未作为中国合营方投资的一部分，合营企业应向中国政府缴纳使用费。"可见，当时已经明确了土地使用权和使用费的概念。

　　1981 年，广东省人大常委会颁布了《深圳经济特区土地管理暂行规定》，规定各类用地的使用年限及各类用地每年必须缴纳的土地使用费标准。于是，深圳在全国率先推行土地有偿、有限期使用，收取土地使用费。之后，上海、广州等城市群起效仿，都制定和颁布了有关的法规，对"三资"企业用地等征收土地使用费或场地使用费。1984 年 9 月，国务院批转财政部报告，提出要征收土地使用税，决定保留税目，但不征收。同时，财政部又发文禁止地方开征土地使用费。当时，城市处于既不能征税又不准收费的情况。而实际上全国各主要城市都在进行征收土地使用费的研究和试点。[①] 辽宁省抚顺市同其他城市一样，在征收土地使用费以前，城市基础设施建设完全靠财政投资，渠道单一，资金不足，所以城市基础设施建设欠账很多。征收土地使用费，将土地使用费投入城市基础设施建设，有利于加强城市基础设施的建设。抚顺市自 1984 年实行征收土地使用费后，三年收取土地使用费达 2847 万元（1984 年达 800 万元，1985 年达 1282 万元，1986 年达 765 万元）。这 2000 多万元大都用于城市集中供热、道路改造、

----

① 这反映了中央部委与地方政府就土地相关利益的争夺，这场争夺最终以地方政府的胜利而告终。

城市绿化和住宅小区配套建设等。①

继 1987 年深圳特区率先实行土地使用权有偿出让之后，中国的土地要素市场化步伐逐步加快，尤其是 20 世纪 90 年代后半期以来，随着市场化取向的住房制度改革揭开序幕（很大程度上起因于亚洲金融危机造成的国内需求不足），住宅用地以及与之相关的商业、服务业用地需求爆发式增长。于是，土地成为地方政府的"钱袋子"，成为地方政府"经营城市"的最重要工具。

可见，土地市场的发育（从征收土地使用费到土地出让）在相当长的时期内为基础设施投资提供了一种可持续的融资模式。由于地方政府不仅是事实上的土地的所有者，同时也是基础设施投资的直接推动者。因此，地方政府有激励将具有增值潜力的土地开发权与具有（准）公共品性质的基础设施建设—运营权捆绑在一起共同"出售"，从而大大缓解了公共品融资约束。具体的做法是，地方政府以相对较低的协议价格向基础设施建设方、运营方提供基础设施周边或某些特定地区的土地开发使用权，我们可以称这种模式为"捆绑式 BOT"，以区别于一般的 BOT（建设—运营—转让）模式。如果土地开发和基础设施建设—运营权不是同时捆绑"出售"，则基础设施融资就退化为传统的模式，比如政府可先投资搞好基础设施，然后将基础设施周边的土地出让，从而把基础设施投资对土地价值的正外部性内部化。如果是基础设施建设采用传统的 BOT 方式，而政府将基础设施的正外部性内化到土地出让收益中，则 BOT 投资激励是弱的。由此，我们可以分析三种模式下的基础设施产出激励：土地财政模式、简单 BOT 模式和捆绑 BOT 模式。土地财政模式的重心是政府本身的投资激励问题，简单 BOT 模式和捆绑 BOT 模式的重心是建设方、运营方的投资激励问题。

---

① 杨重光、吴次芳：《中国土地使用制度改革十年》，中国大地出版社 1996 年版。

一、土地财政模式

地方政府的收入来自土地出让收益和税收两个方面，$R = \theta L(I) + tf(I)$，其中 I 表示基础设施投资，L(I) 是由基础设施投入等因素决定的土地出让价格，一般地，$L' > 0$，$L'' < 0$，土地出让价格是基础设施投资的增函数。$\theta \in [0, 1]$，表示地方政府土地出让金的汲取比例，θ 越高意味着对居民部门的征地补偿越少。同样 f(I) 是由基础设施投入等因素决定的产出，对该产出征一个税率为 $t \in [0, 1]$ 的比例税，$f' > 0$，$f'' < 0$。地方政府的支出也有两方面：基础设施投资 I 和公共服务支出 P，$G = I + P$。预算平衡要求 $R = G$，所以 $\theta L(I) + tf(I) = I + P$。

代表居民的福利函数为拟线性，由私人消费 C 和公共服务消费 u 两部分构成，$U = C + u(P)$，若不考虑储蓄，则私人消费等于收入。假定生产函数 f 仅有基础设施投入 I 和劳动投入，则居民部门税后劳动收入为 $(1-t)f(I)$，另外居民征地补偿性收入为 $(1-\theta)L(I)$，因此居民福利函数可表示为 $U = (1-t)f(I) + (1-\theta)L(I) + u(P)$，地方政府的目标是通过合理配置基础设施投资和公共服务支出使代表性居民福利最大化。利用预算平衡条件将 P 表示为 I 的函数，并代入政府目标函数，得

$$U = (1-t)f(I) + (1-\theta)L(I) + u(\theta L(I) + tf(I) - I)$$

由最优化的一阶条件得

$$(1-t)f' + (1-\theta)L' + u'(\theta L' + tf' - 1) = 0$$

两边同时对 θ 求导得

$$(1-t)f''\frac{dI}{d\theta} + (1-\theta)L''\frac{dI}{d\theta} - L' + u'(L' + \theta L''\frac{dI}{d\theta} + tf''\frac{dI}{d\theta}) +$$

$$(\theta L' + tf' - 1)u''(L + \theta L'\frac{dI}{d\theta} + tf'\frac{dI}{d\theta} - \frac{dI}{d\theta}) = 0$$

整理得

$$dI/d\theta = \frac{(1-u')L' - u''L(\theta L' + tf' - 1)}{(1-t)f'' + (1-\theta)L'' + u'tf'' + u'L''\theta + u''(\theta L' + tf' - 1)^2}$$

根据居民效用函数 U = C + u（P），收入（或消费）的边际效用为 1，由于一般情况下政府通过征税提供公共服务具有超额负担（Deadweight Loss），即私人部门的一元转化成公共部门提供公共服务的可用资金会小于一元，因此资金配置要在公共部门与私人部门之间达到均衡，就要求政府提供公共服务的单位货币边际效用 u' 大于 1，这样政府通过征税提供公共服务才有合理性。又根据假定，L' > 0，所以上式分子中的 (1 − u')L' < 0。由于在预算平衡约束下，公共服务 P 与基础设施 I 之间存在替代关系，故 θL' + tf' − 1 = dP/dI < 0，又因假定 u'' < 0，故分子的第二项 u''L（θL' + tf' − 1）> 0，故整个分子小于 0。再来看分母，由于 L'' < 0，f'' < 0，u'' < 0，分母中的每一项都小于 0，故 (1 − t)f'' + (1 − θ)L'' + u'tf'' + u'L''θ + u''(θL' + tf' − 1)² < 0，最终有 dI / dθ > 0。其经济含义是，政府从土地出让中汲取的比例越高，居民获得的征地补偿比例就越低，政府的基础设施投资激励就越大。现实中，我国基础设施投资的超常发展与土地征用过程中居民补偿偏低、利益受损、矛盾不断激化的现象同时并存，恰恰对应了以上的经济逻辑。另外，在土地私有产权受到法律保护的制度下，基础设施投资带来的土地价值上升大部分归居民部门所有，θ → 0，政府通过物业税等形式参与分配环节，而在我国现有土地制度下，θ → 1，显然土地私有制度下的政府基础设施投资激励相对较小，这恰恰说明了基于私有土地产权制度的美国花了 40 年的时间基本建成了高速公路网，而基于政府垄断土地一级市场的中国完成这一目标仅仅花了不到 20 年的原因。

二、简单 BOT 模式

简单 BOT 模式下政府不直接投资建设基础设施，因此考察的重点是社会资本进入基础设施建设领域的激励问题。投资成本 C = C（I），其中，I 可以理解为所修建高速公路的里程数。投资收益 $R = R(I，X)$，其中，X 表示项目收费运营期限、收费标准、预期交通流量等变量。利润最大化要求 $MR(I，X) = MC(I)$，或者简记为 $R_I = C_I$。

三、捆绑 BOT 模式

捆绑 BOT 模式下政府将基础设施建设—运营—转让的 BOT 合约与邻近地块的协议出让合约捆绑在了一起，政府垄断土地一级市场，以较低协议价格向基础设施建设方出让土地开发权，可大大提高社会资本投资基础设施的激励。[①] 该模式下开发商总的投资成本 $C = C(I) + L_0$，其中，L_0 是期初的土地协议出让低价。投资总收益 $R = R(I，X) + L(I)$，其中 $L_0 < L(I)$，第一项是来自基础设施建设、运营的收益，第二项是来自基础设施导致的周边土地升值收益，这里忽略了土地开发（如住宅或商业开发）的收益，因为对应成本函数中也忽略了土地开发的成本。如果政府的土地协议出让价格定的足够高，$L_0 = L(I)$，即政府将未来基础设施投资正外部性导致的土地升值全部攫取，则捆绑 BOT 模式简化为简单 BOT 模式。如果 $L_0 < L(I)$，那么捆绑项目的溢价越大 $[L(I) - L_0]$，基础设施的正外部性越多地被开发商的捆绑项目所内部化，开发商从协议土地出让中获得收益就越大，进而其基础设施投资激励就越大。利润最大化要求最大化 $R(I，X) + L(I) - C(I) - L_0$，一阶条件为 $R_I + L_I - C_I = 0$。如图 7-3 所示，简单 BOT 模式和捆绑 BOT 模式下均衡的基础设施投资分别为 I_1 和 I_2，$I_1 < I_2$。

简单 BOT 模式与捆绑 BOT 模式的实质性区别是基础设施建设方是否能够将基础设施投资的正外部性完全或部分内部化。同时指出，BOT 基础设施提供模式中的运营环节（O）在本章的分析中并不是必需的。重要的是土地一级市场的政府垄断特征，没有这一制度特征，政

[①] 事实上，捆绑 BOT 模式不需要基础设施项目与协议出让土地之间具有空间上的一一对应式的邻近性，例如地方政府可以在市郊建高速公路，而在城区向高速公路投资商协议出让住宅或商业、服务用地。

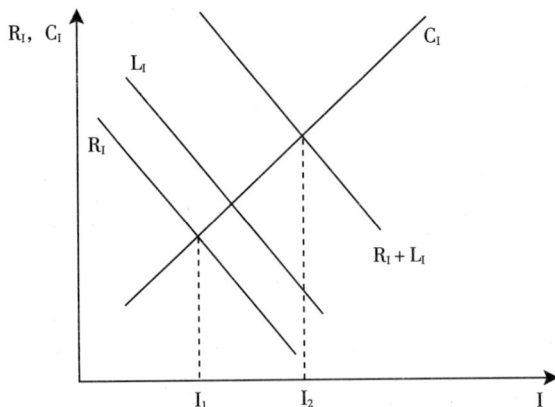

图7-3　简单 BOT 模式和捆绑 BOT 模式比较

府与基础设施提供者签订的捆绑 BOT 合约就不能提供超额的基础设施投资激励。另外，土地市场发育存在地区差异，这会影响到基础设施开发的模式。从供给面来看，基础设施建设面临三种融资约束，即土地财政融资、土地出让融资和捆绑 BOT 融资，事实上这三种融资约束具有替代性。东部发达地区土地出让市场化步伐走得较快，可贸易部门的产业集聚对城市非贸易部门的外部性溢出显著，地方政府可能更多地利用后两种融资带来的便利；而西部落后地区更多地依靠财政融资，包括地方财政收入和中央给予地方的基础设施专项转移支付。

第五节　铁路建设

与高速公路等地方化基础设施建设的高速度相比，作为替代性交通基础设施的铁路建设却缓慢得多，如图7-4所示。这要从需求创造和供给约束两方面来考虑。公路等地方基础设施的建设体制为分权竞争，地方政府之间的横向竞争刺激了各地对公路基础设施的强劲需求。相对而言，铁路建设体制为集权型，地方政府竞争刺激需求的机制不但不能发挥作用，公共品提供的"搭便车"行为反而造成供给激励不足，而公路等地方基础设施相对于地方政府而言更接近"私人品"。因此，在需求层面，铁路建设激励已落下一层。①在供给方面，土地出让金大多为地方所有，地方当然将其投入作为本地"私人品"的公路等地方基础设施建设而非作为本地"公共品"的铁路建设。②在地方政府层面，公路等地方基础设施建设可以轻松地与土地协议出让行为捆绑在一起，通过捆绑 BOT 模式放松融资约束，刺激公路等地方基础设施供给，而铁路建设很难如此操作，在公路等地方基础设施建设中地方政府作为唯一的"发包人"，可以轻松地将基础设施建设合约与土地协议出让合约捆绑在一起，以实现在其看来的效率最优。

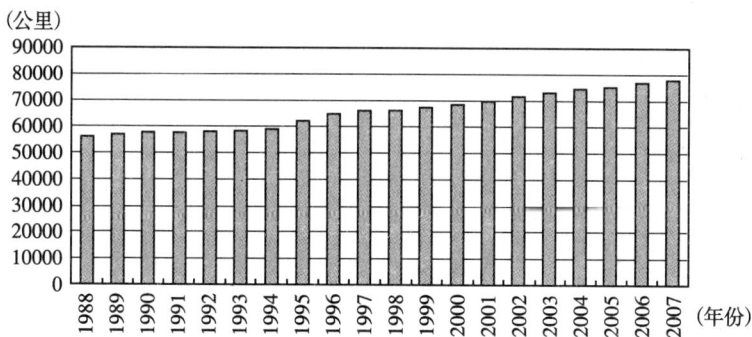

图 7-4 1988~2007 年铁路营业里程

资料来源：中经网统计数据库。

第六节 相关伴生问题

一、融资结构中的高信贷

从表 7-1 可以看出，城市基础设施融资结构中变化最大的是国内信贷，1986~2005 年，国内信贷所占的融资比例从 2.19% 提高到

30.80%，增加了15倍。另外，"自筹"部分可能也有相当比例的信贷，如此信贷融资的实际比例会更高。20世纪90年代中期后，金融部门垂直管理，并且其商业利润和风险约束大大加强，地方政府无法从金融部门直接获得融资，各地纷纷成立"城投"，融资需求的重心自然从财政转向商业信贷，这是从资金需求方来看的。同样，从供给方来看，银行面临的风险因基础设施建设的捆绑BOT模式而大大下降，如果银行信贷仅以收费权作为抵押，信贷风险还是比较大的，但如果与协议低价出让的土地开发项目捆绑在一起，基础设施投资的正外部性完全被整个捆绑项目内部化，银行面临的总体信贷风险降低，从而刺激信贷供给。

二、土地协议出让

捆绑BOT模式的优势就在于地方政府将基础设施提供合约与邻近土地协议出让合约捆绑在一起，让基础设施建设方将投资的正外部性充分内部化。当然，协议出让价格可以是垄断低价，从而为基础设施建设方提供超额的激励。如果将基础设施项目与土地出让分开招标，基础设施建设的投标人很难将基础设施的正外部性内部化，因此面临较弱的供给激励。如果机械地将捆绑合约割裂开来看，土地协议出让的垄断低价表现为"腐败"，"招、拍、挂"出让土地似乎更加符合效率和公平原则，但是当看到被捆绑的基础设施投资合约时，我们就会发现低价协议出让正是对高风险——低收益基础设施投资项目的风险补偿，此时就不能武断地认为"招、拍、挂"出让土地更合理，土地"招、拍、挂"虽然满足了土地市场的效率原则，但却使基础设施提供处于低位均衡。当基础设施提供被认为是社会经济发展的最关键因素时（基础设施投资的边际社会产出相对较高时），我们可以接受以土地市场的一定扭曲来换取基础设施提供的高激励。由此，土地协议出让的存在有其经济上的合理性。从现实来看，在我国的土地出让供应中，协议出让一直占很高的比重，如表7-3所示，2002年之前均为80%以上，之后虽然协议出让比重有所下降，但最低的 2007 年仍有 68.4%。当然，这里的逻辑并不是说土地协议出让中存在的腐败都是"好"的，而是说土地协议出让中某些看似"腐败"的因素实际上在发挥着增进效率的作用，清除"腐败"要小心，因为里面有良性的效率机制存在！

表 7-3　土地出让中协议出让所占比例

年份	1999	2000	2001	2002	2003	2004	2005	2006	2007
土地出让中协议出让比例（%）	84.5	83.8	85.3	84.0	75.9	74.7	72.6	75.5	68.4

第七节　初步的实证检验

根据前面的理论分析，我们知道，基础设施的水平取决于需求创造和供给约束。需求创造内生于经济发展过程，或者更直观但更狭隘地说，取决于地区之间的 FDI 竞争。供给约束受制于基础设施的融资能力，通常制度环境下这一融资能力一方面取决于政府财力及其基础设施支出倾向，另一方面取决于政府吸引社会资金投入基础设施的能力。中国特殊的土地产权和市场结构使这两方面的能力都表现得更为突出，我们可分别称为土地出让金效应和捆绑 BOT 效应，两个效应都直接与土地及其价值相关。土地出让金效应扩大了地方政府可支配财力，提高了基础设施投资倾向；捆绑 BOT 效应则通过策略性土地出让合约大大刺激了社会资本参与基础设施供给的激励，如表 7-4 所示。

表 7-4　变量主要统计指标

变量	观察值	平均值	标准差	最小值	最大值
Infras	252	0.340281	0.280483	−0.053610	1.162122
Decen	252	0.471441	0.077567	0.248773	0.684544
LLP	252	5.068670	0.854933	1.772470	7.286078
Dhouse	224	0.088423	0.086802	−0.138020	0.333102

变量	观察值	平均值	标准差	最小值	最大值
FDI	252	13.097100	1.781710	8.486672	16.401100
Pop	252	5.587738	0.991797	2.369004	7.982883
Xycr	252	0.756602	0.180690	0.113770	1.000000
Fisapp	252	0.317723	0.123575	0.035291	0.726664

资料来源：历年《中国统计年鉴》、《中国财政年鉴》、《中国税收年鉴》、《中国国土资源年鉴》、《中国城市建设统计年鉴》。

为提供上述理论分析的经验证据，最主要的困难体现在捆绑 BOT 效应无法通过直接的统计数据来证实，因为这类统计根本就不存在！因此，实证框架设计上需要一些技巧，来控制住土地出让金效应和捆绑 BOT 效应。遵循张军等（2007）的做法，我们构建一个包含道路、桥梁和排水管道的基础设施存量指标，考虑到不同基础设施的可比性，我们将基期的道路（面积）、桥梁（座数）和排水管道（长度）等基础设施存量统一设定为 1，据此计算出以后各年的各项基础设施存量指数，然后取其平均数的对数来表示总体的基础设施存量水平（Infras）。我们从基础设施供给和需求两方面来设计解释变量。

供给方面，我们主要考察三种融资约束。在 20 世纪 90 年代中期之前，基础设施投资主要靠财政投入，分税制改革后财政收入有向中央集中的趋势，我们用地方税占全部税收的比重（Decen）来衡量预算内纵向财政收入分配关系，即第一种融资约束，收入向上集中（Decen 降低）将导致地方预算内财力趋紧，基础设施供给的财力约束增强，因此控制住其他因素，理论上基础设施 Infras 与 Decen 指标正相关。第二种融资约束，土地出让金效应可以用平均土地出让价格的对数 LLP（不变价格）来衡量，显然土地出让价格越高，土地出让金效应越显著，基础设施供给的融资约束越松，供给能力越强，故理论上 LLP 与 Infras 正相关。第三种融资约束，捆绑 BOT 效应不存在直接的统计数据，必须采用符合逻辑的替代指标。根据第四节的理论分析，基础设施投资的外部性越多地被基础设施项目投资者内部化，其投资激励就越大。我们以非贸易部门——房地产价格的变化（Dhouse，对数）来大致刻画基础设施的外部性，这种外部性越大，土地出让与基础设施建设项目协议捆绑的激励也就越大。[1]

需求方面，我们主要考察地区之间的 FDI（不变价格，对数）竞争以及人口密度 POP（对数）。模型中土地出让价格 LLP 可能是内生变量，我们选择土地出让方式作为工具变量，具体而言，土地出让中协议出让的比例（Xycr）与土地出让价格直接相关，但与基础设施水平没有直接关系。我们利用除内蒙古、西藏、青海之外的 28 个省、直辖市、自治区 1999~2007 年的数据进行检验。

我们用两阶段最小二乘法（TSLS）和两阶段 GMM 来估计基础设施提供的决定方程。第一种方法的估计仅在残差同方差假定下才有效，第二种方法的估计对于存在的任意异方差和自相关都有效。我们将模型设定为所有的统计检验（t 检验）对于任意的异方差和自相关都是稳健的。我们将土地出让中协议出让的比例 Xycr 及其滞后作为潜在内生变量土地出让均价（LLP）的工具变量，并用冗余工具变量检验方法确定合理的滞后期数。当选择变量 Xycr 的当期、滞后一期和滞后两期为工具变量时，我们很容易得到 Xycr 的滞后两期为冗余工具变量，故最终选择 Xycr 的当期和滞后一期为合理的工具变量。估计结果见表 7-5。LLP 的系数在 0.01 的水平上显著为正，这说明基础设施供给的土地出让金效应明显。Dhouse 的系数也在 0.1 的水平上显著为正，这说明基础设施对房地产形成的外部性被基础设施开发方部分地内部化，这种内部化形成了基础设施供给的额外激励。如果基础设施供给的外部性没有被基础设施提供方分享，那么理论上会挫伤基础设施供给积极性，

---

[1] 基础设施承建商获得政府规划的基础设施建设项目，同时政府将基础设施项目周边的土地开发项目以低价出让给该承建商，那么未来土地开发项目升值越大，基础设施承建商的基础设施投资风险补偿就越大。土地"招、拍、挂"出让在很大程度上减少了这种策略空间，但并不能消除，因为政府控制着城市发展规划，尤其是基础设施建设项目规划所产生的信息租金，一块同样的土地，在知道附近将有基础设施投资之前和之后价格是不同的，政府仍然可以利用这种信息优势达到刺激基础设施投资的目的。

出现的现象应该是基础设施供给不足才符合逻辑，事实上世界上很多国家都因此存在基础设施供给不足的问题。而本章所指出的捆绑BOT效应恰恰逆转了通常情况下的基础设施供给不足。这当然与我国土地一级市场的地方垄断密切相关。[①] Decen 在 0.1 的显著性水平上显著，说明政府间的纵向收入竞争会对地方政府的基础设施供给形成融资约束。需求方面的 FDI 竞争因素和人口密度因素也都在0.05 的水平上显著。实证结果说明，在基础设施均衡数量的决定过程中，横向的政府间竞争（FDI 竞争）、纵向的财政收入竞争（政府间收入分成比例向上集中）、土地市场发育所形成的财政收入机会增加（土地财政）以及策略性土地出让（捆绑 BOT）等因素都在发挥作用。

表 7-5　基础设施：需求创造与供给约束

Variable	TSLS	GMM	GMM
LLP	0.28206***	0.28195***	0.28946***
	(0.05043)	(0.05035)	(0.05614)
Dhouse	0.28891*	0.28851*	0.27461*
	(0.16884)	(0.16853)	(0.16638)
Decen	0.53848*	0.53418*	0.56017 *
	(0.31574)	(0.29546)	(0.30785)
Fdi	0.06449**	0.06435**	0.06304***
	(0.0262)	(0.02596)	(0.0265)
Pop	1.31795**	1.32459***	1.3134***
	(0.51831)	(0.48909)	(0.48999)
Fisapp			0.0603481
			(0.15887)
N	224	224	224
不足识别检验	30.413	30.413	21.311
(Kleibergen–Paap rk LM statistic)	[0.0000]	[0.0000]	[0.0000]

---

① 考虑到房地产价格的上涨可能带来预算内财政收入增长效应，政府可能因此而增加基础设施投资，我们用财政投入占城市基础设施资金来源的比重 Fisapp 这一变量来加以控制。Fisapp =（中央、地方预算内投资+城市维护建设税）÷资金来源合计。表 7-5 中最后一列我们给出了两阶段 GMM 方法估计的结果，其他方法给出的结果类似，未在表中列出。需要说明的是，以房地产业相关的税收收入作为控制变量看似更加合理，但存在逻辑上的困难，因为来自房地产价格上涨的税收收入并非对应性地投到基础设施建设上。

Variable	TSLS	GMM	GMM
工具变量弱识别检验 (Kleibergen–Paap rk Wald F statistic)	25.067 [19.93]	25.067 [19.93]	21.349 [19.93]
过度识别检验 (Hansen J statistic)	0.002 [0.9687]	0.002 [0.9687]	0.001 [0.9769]
潜在内生变量内生性检验	8.271 [0.0040]	8.271 [0.0040]	8.586 0.0034]
工具变量外生性检验 (C statistic)	0.002 [0.9687]	0.002 [0.9687]	0.001 [0.9769]

注：（ ）内为标准差，对于不足识别、过度识别和内生性检验，[ ] 内为 P 值，对于弱识别检验 [ ] 内为 Stock–Yogo 检验 10%水平上的临界值。不足识别检验原假设是方程识别不足；过度识别检验原假设是给定的工具变量有效；潜在内生变量内生性检验原假设是指定的内生变量实际可以作为外生变量；工具变量外生性检验的原假设是工具变量有效。

第八节 本章小结

本章解释了我国地方基础设施超常发展的内在机制。既有的文献强调地方政府之间的横向竞争，或者强调分权合约的正投资激励，但其背后的潜在条件是地方政府的内生基础设施投资需求不受供给方面的融资能力约束，或者简单地说，潜在的假定是有需求就有供给能力。本章的分析表明，基础设施需求面的分析是重要的，但供给能力的约束却是不容忽视的，大量的发展中国家都存在着强烈的基础设施投资需求，但往往受制于有限的供给能力，尤其是融资约束。如果说地方政府之间的横向竞争导致了对基础设施的投资"饥渴"，那么纵向政府之间的财政竞争则刺激了地方政府的基础设施融资方式创新。20 世纪90 年代后半期，在中央政府乃至省级政府向上集中收入，同时地方预算外收入不断受到上级规制的情况下，地方政府创造性地将土地作为一种特殊的财政工具。在地方政府正式融资体系之内，土地出让金在政府与居民之间的收入分配决定了最优的基础设施"政府"投资规模（如土地财政模型中所示）；在政府与市场之间，捆绑式 BOT 合约的实质是以策略性土地协议出让作为社会资金投资基础设施领域的激励手段，被捆绑的土地协议出让价格与土地价格增值预期共同决定了社会资金投资基础设施建设的激励大小。对这一机制的探讨实际上映射了中国经济的独特发展模式，正如陶然等（2009）所指出的，地方政府垄断土地一级市场，在地方政府间的招商引资竞争中竞相给出协议低价甚至零地价，而工业集聚，随之人口集聚所带动的城市化产生的外部性使得不可流动的非贸易部门，尤其是房地产部门的土地和物业价格不断提高，通过这种并非理性设计的策略性安排，地方政府最优化了自身利益。我们自然不必过多地担心基础设施的过量供给，因为基础设施投入所产生的边际土地溢价逐步递减将内在地制约导致基础设施超额供给能力的土地出让金收入效应和捆绑 BOT 效应，从而使供给方面的力量趋于衰减。但是，当我们惊叹中国的基础设施发展速度之余，也不能不看到其中隐藏的财政风险、金融风险乃至社会风险。

第八章　结论和未尽议题

在税收增长议题中，政府间纵向的财政收入竞争诱发了税收征管效率的不断提高，从而形成了十几年的税收超经济增长路径；在"省直管县"体制改革议题中，"市管县"体制下的市县纵向竞争诱发了省以下财政、行政体制改革的内在需要；在"税权交易"议题中，以税收指标为手段的纵向财政收入竞争诱发了基层政府之间的"税权交易"合作行为；在地方政府支出结构偏差议题中，缺乏地方政治约束的政府间横向竞争与纵向分工模糊的"柔性"分权体制是造成结构偏差系统性呈现的重要原因；在土地财政相关的国企改革和基础设施供给议题中，土地要素市场化进程、[①] 地方政府控制土地资源配置权与纵向财政竞争加剧这三个条件在 20 世纪 90 年代中期"相遇"，从而产生了一系列宏观经济变革，包括当今广受关注的土地财政迷局。

作为研究报告的结束，我们无意把前面业已详细论证的主题和政策推论再重复一遍，但精练地给出我们的发现以及相应的政策取向还是非常必要的，因为这可以大大节省那些只想了解结论而无意深究论证逻辑的读者的时间和精力。之后，我们将顺势提出后续研究的可能议题。所要强调的是，在给出系统理论论证和经验支持之前，这些新议题或许只是新猜想。无论如何，所有这一切都要经受时间的检验。

[①] 土地要素市场化进程内含了地方政府之间的横向竞争，尤其是针对 FDI 的竞争，使土地成为一种稀缺要素进入市场。

第一节　结论和政策

（1）本书从政府间纵向和横向财政互动的角度解释了我国税收持续超 GDP 增长的逻辑，从"宽打窄用"的低效率税收体系到日益规范的税收制度，实际税率的提高伴随着国民经济税收负担的加重。配合中国经济增长的平稳减速和结构优化，全面和结构性减税或许成为未来十年的趋势。

（2）政府层级"扁平化"是市场经济发展和社会自组织能力不断提高的必然要求，因此"省直管县"体制改革符合历史发展趋势。但由于中国幅员辽阔，地区间经济市场化程度和发展水平差异较大，"一刀切"的改革方式势必会造成体制转换的交易成本较大。政策上需要注意的是，在地方政府职能尚未真正转变的情况下，体制改革虽然通过减少财政层级提高了财政体制，尤其是转移支付制度的有效性，但同时可能加剧了由于过度横向竞争所产生的重复建设、产能过剩等经济效率损失。地方政府职能转变宜由中央政府战略性分步推动。行政上的"省直管县"体制改革应尽快与财政"省直管县"体制改革相配合。

（3）典型的压力型体制下，中国政府间纵向和横向财政互动具有自身的特征，基层政府是这种压力型体制的最终着力点。当制度或体制改革的潜在租金收益巨大时，或者当创新空间较大时，压力型体制能够起到鼓励制度创新、提高资源配置效率的作用。但当经济社会秩序的重整过程趋于稳定时，压力型体制的弊端就会暴露，有损效率或公平的"创新"就会大行其道。未来中国社会以和谐发展为主基调，和谐的政府间财政关系是其中的应有之义。

（4）地方政府支出结构系统性偏差的两个重要来源是：地方政治"软约束"下的政府间横向竞争和"柔性"分权体制下的纵向政府间策略性互动（政府间财政道德风险）。政府竞争机制本身并不是系统性结构偏差的来源。政策上应加强地方民主政治建设，[①] 而不是抑制政府间竞争。短期内可通过优化转移支付体系校正地方政府支出结构偏差，但系统性偏差的形成机制并未消除，长远来看还是要按照资源配置效率原则建立合理的政府间纵向分工体系，减少由于分工模糊、职能重叠所引发的政府间财政道德风险。

（5）政府间横向和纵向互动可能造成福利损失，基本公共服务均等化战略和均等化转移支付设计是必要的事后修补工具。当公共服务需求同质化程度比较高时，政府间转移支付的效率损失不大，但随公共服务需求的异质性增强，转移支付的效率损失递增。未来 10~20 年，随着经济发展水平的不断提高，居民公共服务需求的异质性（地区异质性）递增，为控制递增的效率损失，财政收入方面适当增加分权程度是可取的，以降低转移支付的规模和复杂程度，同时提高有限规模转移支付的针对性。"后均等化"时代，宜采取以解决城市内户籍与非户籍人口二元结构为驱动的均等化战略，该战略能够有效协调城乡公共服务均等化和城市内均等化，也更具有经济上的可持续性。

（6）土地财政以及与土地相关的地方政府融资模式创新是政府间横向竞争和纵向竞争交互作用的产物，反过来又与政府间竞争机制一起推动了中国经济改革和发展的进程。20 世纪 90 年代中期之后的国企改制和高速公路等基础设施供给条件的飞速改善都与中国的分权模式具有直接联系。土地财政与过去十几年的高速城市化进程相依相伴，未来十年中国的城市化进程将趋于平缓，基础设施投入—土地增值—

---

① 对这一问题的进一步深入论证已超出笔者的知识范畴，主要困惑可以返回到阿罗不可能定理，即有没有一种民主形式能够确保实现经济上的社会福利最大化。

土地财政收入增加—基础设施投入加大—土地增值……的循环模式会因基础设施投入对土地增值的边际作用递减而将逐渐衰减。因此，土地财政模式本身不存在螺旋式的财务风险积聚。未来经济发展的真正风险在于以土地或政府信用为抵押的杠杆化融资，以及土地财政模式所衍生的宏观经济失衡。

（7）不同学者对中国的财政分权体制褒贬不一，财政学家往往被分权竞争的负面效应所吸引（如分权竞争可能是恶性的，会导致公共服务缺失），而发展经济学家则往往被分权竞争的正面效应所吸引（如分权竞争提高资源配置效率，会导致中国经济的高速增长）。这种"悖论"的原因其实很简单，如果将政府职能划分为公共服务提供和经济发展，那么在公共服务提供领域，中国的纵向政府间关系更接近委托—代理模型，效率损失也主要来自委托—代理关系而非真正意义上的分权。而在经济发展领域，纵向政府间关系更接近真正的分权模型，因为上级政府无法就经济发展的方法、方式和具体目标与下级政府订约，或订约成本太高，所以地方政府的决策自由度就较高。政策实践方面，经济发展政府职能领域已经相当分权化，该领域未来的政策重心不是更集权还是更分权的问题，而是政府职能范围的界定问题，是政府与市场的边界问题。政府职能的社会服务领域离规范的分权化治理尚有很大距离，需要分三步走：第一步，通过增强纵向审计、监督，完善政府间委托—代理关系，减少委托—代理关系中的道德风险等问题；第二步，逐步扩大地方政府在某些地方化公共服务的自主决策权，相应健全地方财政收入体系，变委托—代理治理模型为分权治理模型；第三步，按照政府间分工效率原则配置各级政府公共服务职能，建立规范的分级分税财政体制。

第二节　未尽议题

一、"省直管县"体制改革的后续思考

"省直管县"体制改革是中国式分权在区域层面的一个缩影，对该问题的深入研究既有利于总结改革实践中的经验教训，服务于国家相关政策制定，也是对分权理论发展的一个贡献。在第三章研究框架和结论的基础上，以省以下的县市为观察单位，有一系列问题值得追问。首先，分权的模式是否与自然禀赋所决定的区域经济结构有直接关系？如果县与市之间禀赋互补，经济上的联盟将提高县和市的经济绩效，此时"市管县"就具有潜在的合理性。[①] 否则，扁平化的"省直管县"更具优势。其次，分权的模式是否与区域经济发展的阶段有直接关系，在产业集聚和城市化的早期阶段，相对集权型的"市管县"体制是否更具优势？再次，分权的模式是否与市场经济的发育程度有直接关系？经济发展水平类似的地区，即使名义上的县市治理结构不同，实际上的治理结构也可能趋同。经济发展的内在需要可能会促使制度变革在潜移默化之间朝着节约交易费用的方向演变。最后，我们在实践中观察到的"市刮县"和"市带县"两分法究竟是事实还是误判，如果是事实，那么两种情形的发生机制究竟是什么？对这些困惑，我们目前没有明确的答案，但值得后续思考。

---

① 之所以说这种合理性是潜在的，是因为无法排除市级政府对县级政府的掠夺（所谓的"市刮县"），要约束地市级政府的机会主义倾向，需要良好的纵向政治治理框架，在这方面，经济学往往保持缄默。

二、土地财政依赖与国内贸易一体化

20 世纪八九十年代，地区之间的市场分割和地方保护主义相当严重，直至今日，仍有学者不断在此方面倾入学术研究的努力。通过简单的历史回顾就可以发现，市场分割和地方保护主义发生在贸易品领域，即对要素和产品的流动施加某种行政性干预，以此来保护本地企业免受外部竞争者冲击，加速本地经济集聚化进程，获取竞争优势，进而获取更多的财政收入。这类似于一种囚徒困境：每个地区为自身利益的保护主义冲动最终损害了所有地区的利益。但随着 90 年代分税制改革以及地方土地财政的兴起，贸易部门的囚徒困境虽然没有被完全打破，但地方政府关注的焦点正在从贸易部门转移到非贸易部门，尤其是房地产相关产业。当地方政府能够从非贸易部门更容易获取收入的时候，其在贸易部门的保护主义投入就具有更大的机会成本，因此，地方政府倾向于放松贸易部门的行政性干预，降低贸易成本，从而推动了国内贸易的一体化。这种理论推测如果在逻辑上是对的，应该能够经受经验数据的检验。

三、土地财政、税收归宿与宏观经济可持续性

如果将土地财政进一步分解，可以直观地发现，并非所有用途的土地都可以成为地方政府土地财政的政策工具，这从不同类型的土地出让价格上就可反映出来。如图 8-1 所示，20 世纪 90 年代末以来，住宅用地和商业用地的价格增长很快，而工业用地价格的增长就相对慢得多。首先，不同类型的土地需求往往对应不同的区位，这是决定土地绝对价格的最主要因素。其次，不同类型的土地价格增长路径受政府间纵向竞争和横向竞争的影响。配套于跨地区流动性资本的工业用地价格增长受地方政府间的横向竞争机制影响，招商引资竞争使工业用地的价格偏低。相反，住宅和商业用地主要是配套于地方非贸易

部门——房地产部门，其价格的高涨从根本上来说是起因于城市郊区低工业用地价格导致的工业集聚，进而是人口集聚（近年来不同类型土地平均成交价格见表8-1）。从这种意义上说，正是工业用地的低价格导致了住宅用地和商业用地的高价格。

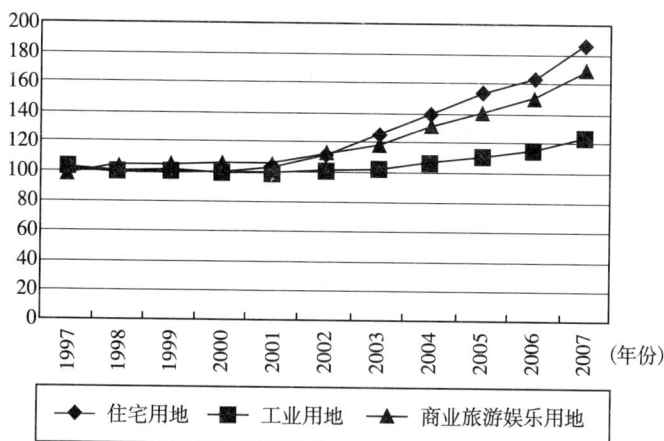

图8-1 不同用途类型土地价格指数走势（1997年=100）
资料来源：中经网统计数据库。

表8-1 不同类型国有土地供应出让平均成交价格

单位：万元／公顷

用地类型	2003年	2004年	2005年	2006年	2007年
商服用地	355	539	634	659	871
工矿仓储用地	125	132	138	119	156
住宅用地	598	670	680	821	1131

资料来源：《中国国土资源年鉴》（2004~2007）、《中国国土资源统计年鉴》（2008）。

住宅用地高价格对应高房价，各种房地产类税费也就跟着高涨。工业用地低价格、住宅用地和商业用地高价格，意味着对消费者，尤其是住房消费者的高税负，相应的是对流动性资本的低税负，甚至是补贴。税负之所以能够如此轻易地在不同用途的土地使用者之间转嫁，是因为地方政府对本地土地一级市场的行政性垄断和地方政府之间对工业用地的竞争性出价（可称为行政性垄断竞争模式）。由税负归宿分析可见，土地财政的税收效应是：刺激生产供给，抑制消费需求，消费者补贴生产者。长此以往，消费与生产失衡，宏观经济必难以为继。土地市场上的行政性垄断竞争模式，非正式的财政收入制度以及土地相关税收归宿的宏观经济效应值得进一步研究。

四、土地财政与地方财政金融风险

虽然地方政府的土地财政创新推动了国有企业改革、加快了城际和城市基础设施建设、促进了国内贸易的一体化，但土地财政所衍生的风险也随之与日俱增。正如我们在正文中分析的，在地方政府垄断土地一级市场的情况下，征地收益偏向于政府虽然可以增加基础设施提供激励，但对失地农民的过低征地补偿会增加社会收入不平等，抑制有效消费需求，社会分化和有效需求不足的苦果最终反过来还会落到政府身上。一旦经济周期反转，地方政府土地财政收入吃紧，而前期积累的社会矛盾又将集中爆发，地方政府可能面临前所未有的财政压力。地方财力过度依赖土地财政所产生的风险不容低估，测度并控制这种财政风险是必要和紧迫的。同时，土地财政不仅是财政问题，更是金融问题。一方面，土地供给刚性容易聚集资产泡沫，泡沫滋生金融风险，原本以稳健为本的政府财政将被不自觉地卷入金融风险中，金融和财政的双风险正相关，这很可能是宏观经济不稳定的重要来源。另一方面，土地财政在很大程度上悄悄打开了中央银行对地方财政的融资之门，1994 年这个门曾被关闭，但土地财政的兴起又把它打开了，2009 年上半年当中央银行向市场不断注入流动性的时候，"地王"频现，岌岌可危的地方财政终于因中央银行的流动性扩张而得以喘息。然而，这背后是否隐藏着更大的风险呢？2010 年和 2011 年广为关注的地方政府融资平台问题可能已经给出了一个警示性的答案。那么，土地财政模式的终结是否必然要以一场风暴的洗礼来完成呢？但愿这一议题是个危言耸听的笑话！

参考文献

阿伦·德雷泽：《宏观经济学中的政治经济学》，杜两省译，经济科学出版社 2003 年版。

阿耶·L.希尔曼：《公共财政与公共政策——政府的责任与局限》，王国华译，中国社会科学出版社 2006 年版。

安体富：《如何看待近几年我国税收的超常增长和减税的问题》，《税务研究》2002 年第 8 期。

白重恩、路江涌、陶志刚：《国有企业改制效果的实证研究》，《经济研究》2006 年第 8 期。

鲍晨辉：《财政体制简化之路慎行："省直管县"财政体制弊端分析》，《地方财政研究》2007 年第 1 期。

布坎南、马斯格雷夫：《公共财政与公共选择——两种截然对立的国家观》，类成曜译，中国财政经济出版社 2000 年版。

布坎南：《民主过程中的财政：财政制度与个人选择》，唐寿宁译，上海三联书店 1992 年版。

查理·马斯格雷夫、皮吉·马斯格雷夫：《美国财政理论与实践》，邓子基、邓力平译，中国财政经济出版社 1987 年版。

陈硕：《分税制改革、地方财政自主权与公共品供给》，《经济学（季刊）》2010 年第 4 期。

崔兴芳、樊勇、吕冰洋：《税收征管效率提高测算及对税收增长的影响》，《税务研究》2006 年第 4 期。

丁菊红、邓可斌:《内生的分权与中国经济体制改革》,《经济社会体制比较》2009 年第 3 期。

丁菊红、邓可斌:《政府偏好、公共品供给与转型中的财政分权》,《经济研究》2008 年第 7 期。

樊纲:《论体制转轨的动态过程——非国有部门的成长与国有部门的改革》,《经济研究》2001 年第 1 期。

范方志、汤玉刚:《政府间纵向分权的契约性质——以浙江强县扩权、强镇扩权为例》,《财经问题研究》2007 年第 11 期。

冯兴元:《地方政府竞争:理论范式、分析框架与实证研究》,译林出版社 2010 年版。

傅白水:《地方政府管理体制酝酿突破(下篇):强县扩权的浙江经验》,《南风窗》2005 年第 20 期。

傅光明:《论省直管县财政体制》,《经济研究参考》2006 年第 33 期。

傅勇、张晏:《中国式分权与财政支出结构偏向:为增长而竞争的代价》,《管理世界》2007 年第 3 期。

傅勇:《中国式分权与地方政府行为:探寻转变发展模式的制度性框架》,复旦大学出版社 2010 年版。

傅勇:《财政分权改革提高了地方财政激励强度吗?》,《财贸经济》2008 年第 7 期。

傅勇:《中国的分权为何不同:一个考虑政治激励与财政激励的分析框架》,《世界经济》2008 年第 11 期。

傅勇:《财政分权、政府治理与非经济性公共品供给》,《经济研究》2010 年第 8 期。

高培勇:《中国税收持续高速增长之谜》,《经济研究》2006 第 12 期。

龚锋、卢洪友:《公共支出结构、偏好匹配与财政分权》,《管理世界》2009 年第 1 期。

龚强、徐朝阳:《政策性负担与长期预算软约束》,《经济研究》2008 年第

2 期。

郭庆旺、吕冰洋:《分税制改革与税收快速增长——基于分权契约框架的分析》,《税务研究》2006 年第 8 期。

哈维·S.罗森:《财政学》,郭庆旺译,中国人民大学出版社 2000 年版。

韩朝华、戴慕珍:《中国民营化的财政动因》,《经济研究》2008 年第 2 期。

韩朝华:《明晰产权与规范政府》,《经济研究》2003 年第 2 期。

郝大明:《国有企业公司制改革效率的实证分析》,《经济研究》2006 年第 7 期。

何显明:《市管县体制绩效及其变革路径选择的制度分析:兼论"复合行政"概念》,《中国行政管理》2004 年第 7 期。

何晓星:《再论中国政府主导型市场经济》,《中国工业经济》2005 年第 1 期。

洪江:《分税制:中央与地方之间的压制和反弹》,《地方财政研究》2008 第 9 期。

胡一帆、宋敏、张俊喜:《中国国有企业民营化绩效研究》,《经济研究》2006 年第 7 期。

贾康、白景明:《中国政府收入来源及完善对策研究》,《经济研究》1998 年第 6 期。

贾康、白景明:《县乡财政解困与财政体制创新》,《经济研究》2002 年第 2 期。

贾康、刘军民:《非税收入规范化管理研究》,《税务研究》2005 年第 4 期。

贾康、刘尚希、吴晓娟、史兴旺:《怎样看待税收的增长和减税的主张》,《管理世界》2002 年第 7 期。

贾康:《财力与事权如何相匹配?》,《光明日报》,2007 年 12 月 12 日。

贾康、阎坤:《完善省以下财政体制改革的中长期思考》,《管理世界》2005 年第 8 期。

贾康:《中国财政改革政府层级事权支出与税收安排的思路》,《改革》2005 年第 2 期。

贾拥民:《浙江真经:"省直管县"》,《中国改革》2004 年第 6 期。

孔善广:《分税制后地方政府财事权非对称性及约束激励机制变化研究》,《经济社会体制比较》2007 年第 1 期。

匡小平、何灵:《税收计划:扬弃还是保留——兼论我国税收的超经济增长》,《经济体制改革》2006 年第 1 期。

李方旺:《2000~2005 年我国税收收入增长的数量特征与新一轮税制改革》,《税务研究》2006 年第 8 期。

李芝兰、吴理财:《"倒逼"还是"反倒逼"——农村税费改革前后中央与地方之间的互动》,《社会学研究》2005 年第 4 期。

林毅夫、李志赟:《政策性负担、道德风险与预算软约束》,《经济研究》2004 年第 2 期。

刘剑雄:《财政分权、政府竞争与政府治理》,人民出版社 2009 年版。

刘丽萍:《"买税"现象透析》,《地方财政研究》2006 年第 11 期。

刘瑞波:《我国高速公路融资方式的局限性及其创新》,《财经问题研究》2005 年第 11 期。

刘尚希:《从县财政困难看现行财政体制的缺陷》,《中国经济时报》,2007 年 11 月 16 日。

刘小玄:《民营化改制对中国产业效率的效果分析——2001 年全国普查工业数据的分析》,《经济研究》2004 年第 8 期。

卢洪友:《中国分税制财政体制改革的成效分析》,《改革与理论》1998 年第 8 期。

卢洪友:《非税财政收入研究》,《经济研究》1998 年第 6 期。

卢毅:《从"市领导县"到"强县扩权":对浙江省"市管县"体制兴衰原因的逻辑分析》,《云南行政学院学报》2004 年第 6 期。

陆铭、陈钊:《分割市场的经济增长——为什么经济开放可能加剧地方保护?》,《经济研究》2009 年第 3 期。

陆铭、陈钊:《城市化、城市倾向的经济政策与城乡收入差距》,《经济研究》2004 年第 6 期。

陆挺、刘小玄:《企业改制模式和改制绩效——基于企业数据调查的经验分析》,《经济研究》2005 年第 6 期。

吕冰洋、李峰:《中国税收超 GDP 增长之谜的实证解释》,《财贸经济》2007 年第 3 期。

罗卫东、许彬:《区域经济发展的"浙江模式":一个总结》,《中共浙江省委党校学报》2006 年第 1 期。

马骏:《包税制的兴起与衰落:交易费用与征税合同的选择》,《经济研究》2003 年第 6 期。

缪勒·丹尼斯:《公共选择理论 II》,杨春学译,中国社会科学出版社 1999 年版。

倪红日:《对中国政府间财政关系现状的基本判断和发展趋势分析》,《经济社会体制改革》2007 年第 1 期。

佩尔森、塔贝里尼:《政治经济学:对经济政策的解释》,方敏译,中国人民大学出版社 2007 年版。

平新乔:《论国有经济比重的内生决定》,《经济研究》2000 年第 7 期。

乔宝云、范剑勇、冯兴元:《中国的财政分权与小学义务教育》,《中国社会科学》2005 年第 6 期。

秦晖:《"黄宗羲定律"与税费改革的体制化基础:历史的经验与现实的选择》,《税务研究》2003 第 7 期。

宋立刚、姚洋:《改制对企业绩效的影响》,《中国社会科学》2005 年第 2 期。

苏中山、王信文:《买税卖税:税收领域的一股浊流》,《经营与管理》2006 年第 6 期。

孙亮、赵宁:《我国高速公路融资方式述评及其融资体系的构建》,《山东大学学报》2007 年第 4 期。

孙学玉：《体制创新：地方行政机构改革的现实选择》，《中国行政管理》
　　2003 年第 4 期。

谭建立：《关于我国地方政府层级设置的几点财政思考》，《财贸经济》
　　2005 年第 12 期。

汤玉刚、俞忠英：《论策略性经济转轨与财政公共化转型》，《财经问题研
　　究》2008 年第 6 期。

汤玉刚、赵大平：《论政府供给偏好的短期决定：政治均衡与经济效
　　率》，《经济研究》2007 年第 1 期。

汤玉刚：《论新一轮地方政府体制改革的若干关键问题：从"市管县"
　　到"省直管县"》，《经济体制改革》2007 年第 5 期。

唐涌：《融资：高速公路建设的拦路虎》，《中国投资》2005 年第 5 期。

陶然、陆曦、苏福兵、汪晖：《地区竞争格局演变下的中国转轨：财政
　　激励和发展模式反思》，《经济研究》2009 年第 7 期。

藤田昌久、蒂斯：《集聚经济学：城市、产业区位与区域增长》，刘峰、
　　张雁、陈海威译，西南财经大学出版社 2004 年版。

田毅、赵旭：《他乡之税：一个乡镇的三十年，一个国家的"隐秘"财
　　政史》，中信出版社 2008 年版。

王红领、李稻葵、雷鼎鸣：《政府为什么会放弃国有企业的产权》，《经济
　　研究》2001 年第 8 期。

王建琼、张静秋：《中国现行财政体制下"买税"行为的博弈分析》，《数
　　学的实践与认识》2007 年第 6 期。

王健、鲍静、刘小康、王佃利：《"复合行政"的提出：解决当代中国区
　　域经济一体化与行政区划冲突的新思路》，《中国行政管理》2004 年
　　第 3 期。

王世磊、张军：《中国地方官员为什么要改善基础设施？——一个关于
　　官员激励机制的模型》，《经济学（季刊）》2008 年第 7 卷第 2 期。

王永钦、丁菊红：《公共部门内部的激励机制：一个文献述评——兼论中国分权式改革的动力机制和代价》，《世界经济文汇》2007 年第 1 期。

王永钦、张晏、章元、陈钊、陆铭：《中国的大国发展道路——论分权式改革的得失》，《经济研究》2007 年第 1 期。

吴云法：《浙江省"省直管县"财政体制分析》，《经济研究参考》2004 年第 86 期。

谢旭人：《税收增长为何高于 GDP 增长》，《中国新闻周刊》2006 年第 4 期。

杨灿明：《产权特性与产业定位——关于国有企业的另一个分析框架》，《经济研究》2001 年第 9 期。

杨其静、聂辉华：《保护市场的联邦主义及其批判》，《经济研究》2008 年第 3 期。

杨之刚、张斌：《中国基层财政体制改革中的政府级次问题》，《财贸经济》2006 年第 3 期。

杨治、路江涌、陶志刚：《政治庇护与改制：中国集体企业改制研究》，《经济研究》2007 年第 5 期。

杨重光、吴次芳：《中国土地使用制度改革十年》，中国大地出版社 1996 年版。

姚洋、杨雷：《制度供给失衡和中国财政分权的后果》，《战略与管理》2003 年第 3 期。

叶林祥：《非国有经济的成长与国有企业的民营化——以中国经济转型为背景的分析》，《南方经济》2006 年第 5 期。

俞忠英、汤玉刚：《当代中国经济高社会成本——低产品成本模式研究——改革开放 30 年政府转型与经济发展分析框架》，《财经研究》2008 年第 11 期。

袁建岐：《"强县扩权"后的政府体制改革》，《中国改革》2005 年第 12 期。

张道刚:《解读浙江"省直管县"》,《决策咨询》2004 年第 1 期。

张国云:《浙江尝试"省直管县"》,《决策咨询》2003 年第 8 期。

张军:《分权与增长:中国的故事》,《经济学(季刊)》2008 年第 1 期。

张军、高远、傅勇、张弘:《中国为什么拥有了良好的基础设施?》,《经济研究》2007 年第 3 期。

张军、罗长远、冯俊:《市场结构、成本差异与国有企业的民营化进程》,《中国社会科学》2003 年第 5 期。

张伦伦:《税收分成规则变化对我国财政收入格局的影响》,《税务研究》2006 年第 4 期。

张维迎、栗树和:《地区间竞争与中国国有企业的民营化》,《经济研究》1998 年第 12 期。

张献国:《关于地方财政体制改革几个疑点问题的认识》,《经济与管理》2007 年第 1 期。

支兆华:《乡镇企业改制的另一种解释》,《经济研究》2001 年第 3 期。

中国经济增长与宏观稳定课题组:《资本化扩张与赶超型经济的技术进步》,《经济研究》2010 年第 5 期。

周黎安:《晋升博弈中政府官员的激励与合作——兼论我国地方保护主义和重复建设问题长期存在的原因》,《经济研究》2004 年第 6 期。

周黎安:《中国地方官员的晋升锦标赛模式研究》,《经济研究》2007 年第 7 期。

周业安、赵晓男:《地方政府竞争模式研究》,《管理世界》2002 年第 12 期。

朱恒鹏:《地区间竞争、财政自给率和公有制企业民营化》,《经济研究》2004 年第 10 期。

朱秋霞:《行政区划与地方财政体制:几个相关的理论问题》,《经济社会体制比较》2005 年第 1 期。

卓勇良:《关于省直接管辖县(市)的若干研究》,《经济社会体制比较》

2003 年第 5 期。

A.B.Atkinson and N.H.Stern, "Pigou, Taxation and Public Goods", *Review of Economic Studies*, Vol.41, 1974, pp.119–128.

Arellano, M., "Computing Robust Standard Errors for Within –Groups Estimators", *Oxford Bulletin of Economics and Statistics*, Vol. 49, 1987, pp.431–434.

Baldwin, R.E., Krugman, P., "Agglomeration, Integration and Tax Harmonization", *European Economic Review*, Vol.48, 2004, pp. 1–23.

Bardhan, P. and D. "Mookherjee, Decentralization and Local Governance in Developing Countries: A Comparative Perspective", *MIT*, 2006.

Bardhan, Pranab, and D. Mookherjee, "Decentralisation and Accountability in Infrastructure Delivery in Developing Countries", *Econ. J.* 116, January, 2006, pp.101–127.

Bardhan, Pranab, "Decentralization of Governance and Development", *J. Econ. Perspectives*, 16, Fall 2002, pp. 185–205.

Besley Timothy, *Principled Agents? The Political Economy of Good Government*, Oxford: Oxford University Press, 2006.

Besley, T. and A. Case., "Incumbent Behavior: Vote –Seeking, Tax – Setting, and Yardstick Competition", *American Economic Review* 85, 1995, pp.25–45.

Besley, T., Rosen, H.S., "Vertical Externalities in Tax Setting: Evidence from Gasoline and Cigarettes", *Journal of Public Economics*, Vol.70, 1998, pp.383–398.

Blanchard, O., and A Shleifer, "Federalism with and without Political Centralization: China versus Russia", *IMF Staff Papers*, 48, 2001, pp. 171–179.

Borck, R., Pfluger M., "Agglomeration and Tax Competition", *European Economic Review*, Vol.50, 2006, pp.647–668.

Brennan Geoffrey, Buchanan James M., *The Power to Tax: Analytical Foundations of a Fiscal Constitution*, Cambridge University Press, 1980.

Breton, Albert, *Competitive Governments: An Economic Theory of Politics and Public Finance*, New York: Cambridge University Press, 1996.

Briceño, C., A. Estache and N., "Shafik. Infrastructure Services in Developing Countries: Access, Quality, Costs and Policy Reform", *The World Bank*, 2004.

Brown.Charle C. and Wallace E. Oates, "Assistance to the Poor in a Federal System", *Journal of Public Economics*, Vol.32, 1987, pp.307–330.

Brueckner, Jan K., "Strategic Interaction Among Governments: An Overview of Empirical Studies", *InternationalRegional Science Review*, 26 (2), 2003, pp.175–188.

Buchanan and Tullock, *The Calculus of Consent: Logical Foundations of Constitutional Democracy*, Unv. of Michigan Press, 1962.

Bucovetsky S., "Public Input Competition", *Journal of Public Economics*, Vol. 89, 2005, pp.1763–1787.

Cadot, O., Roller, L., Stephan, A., A Political Economy Model of Infrastructure Allocation: An Empirical Assessment. Discussion Paper 2336, *CEPR*, London, 1999.

Cameron, A.C., and P.K. Trivedi, *Microeconometrics: Methods and Applications*. Cambridge: Cambridge University Press, 2005.

Case, A. C., H. S. Rosen, and J. C. Hines, "Budget Spillovers and Fiscal Policy Interdependence: Evidence from the States", *Journal of*

Public Economics, Vol.52, 1993, pp.285–307.

Castells, A. and Albert, S., "The Regional Allocation of Infrastructure Investment: The Role of Equity, Efficiency and Political Factors", *European Economic Review*, 49 (5), 2005, pp. 1165–1205.

Crain, W. M. Oakley, and Lisa K. "The Politics of Infrastructure", *Journal of Law and Economics*, 38 (1), Apr. 1995, pp.1–17.

David E. Wildasin, "Fiscal Competition in Space and Time", *Journal of Public Economics*, Vol. 87, 2003, pp.2571–2588.

Devereux, M.P., Lockwood, B., and Redoano, M, "Horizontal and Vertical Indirect Tax Competition: Theory and Some Evidence from the USA", Journal of Public Economics Vol.91, 2007, pp.451–479.

Edwards, J., Keen, M., "Tax Competition and Leviathan", *European Economic Review*, Vol.40, 1996, pp.113–134.

Epple, Dennis, Zelenitz and Allan, "The Implications of Competition Among Juristions: Does Tiebout Need Politics?", *Journal of Political Economy*, Vol.89, No.6, 1981, pp.1197–1217.

Estache, A. and A. Kartasheva, "Recent Theoretical Work on Capital Market Imperfections and Financing Arrangements: Lesson for Infrastructure Financing in LDCs", *Mimeo*, The World Bank, 2003.

Estache, A. and S. Sinha, "Does Decentralization Increase Spending on Infrastructure?" *World Bank*, Policy Research Working Paper, Number 1995.

Faguet, J.P. "Does Decentralization Increase Government Responsiveness to Local Needs: Evidence from Bolivia", *Journal of Public Economics*, Vol. 88, 2004, pp.867–893.

Flowers, M.R., "Shared Tax Sources in a Leviathan Model of Federalism", *Public Finance Quarterly*, Vol.16, 1988, pp.67–77.

Fredriksson and Khawaja A. Mamun, "Vertical Externalities in Cigarette Taxation: Do tax Revenues Goup in Smoke?", *Journal of Urban Economics*, Vol.64, 2008, pp.35–48.

George E. Peterson, "Unlocking Land Values to Finance Urban Infrastructure", *The World Bank*, 2009.

George R. Zodrow and Peter Mieszkowski. Pigou, "Tiebout, Property Taxation, and the Underprovision of Local Public Goods", *Journal of Urban Economics*, 19, 1986, pp.356–370.

Ghosh Banerjee, S., Dennis A. Rondinelli, and Jun Koo, "Decentralization's Impact on Private Sector Participation in Infrastructure Investment in Developing Countries", *The World Bank*, Washington DC, 2006.

Glazer, A, "Politics and the Choice of Durability", *The American Economic Review*, 79 (5), Dec.1989, pp. 1207–1213.

Gonzalo E. Fernandez, "A note on Tax Competition in the Presence of Agglomeration Economies", *Regional Science and Urban Economics*, 35, 2005, pp.837–847.

Goodspeed, Timothy, J., "Tax Structure in a Federation", *Journal of Public Economics*, 75, 2000, pp.493–506.

Hayashi, M., and R. Boadway, "An Empirical Analysis of Intergovernmental Tax Interaction: The Case of Business Income Taxes in Canada", *Canadian Journal of Economics*, 34, 2001, pp.481–503.

Henisz, W. J, "The Institutional Environment of Infrastructure Investment", *Industrial and Corporate Change*, 11 (2), 2002, pp.355–389.

Hongbin Cai and Daniel Treisman, "Does Competition for Capital Discipline Governments? Decentralization, Globalization, and Public Policy", *The American Economic Review*, 95 (3), 2005, pp.817–830.

Janeba, Eckhard, "Tax Competition When Governments Lack Commitment:

Excess Capacity as a Countervailing Threat", *The American Economic Review*, Vol.90, No.5, 2000, pp.1508–1519.

Johnson, W.R., "Decentralized Income Redistribution Reconsidered", *Economic Inquiry*, Vol.29, 1991, pp.69–78.

Johnson, W.R., "Income Redistribution in a Federal System", *American Economic Review*, Vol.78, 1988, pp.570–573.

Keen Michael, J. and Maurice Marchand, "Fiscal Competition and the Pattern of Public Spending", *Journal of Public Economics*, Vol. 66, 1997, pp.33–53.

Keen Michael, J. and Kotsogiannis Christos, "Does Federalism Lead to Excessively High Taxes?", *The American Economic Review*, Vol.92, No.1, 2002, pp.363–370.

Keen Michael, J. and Kotsogiannis Christos, "Tax Competition in Federations and the Welfare Consequences of Decentralization", *Journal of Urban Economics*, Vol.56, 2004, pp. 397–407.

Keen Michael, J., "Vertical Tax Externalities in the Theory of Fiscal Federalism", *IMF Staff Papers*, 45, 1998, pp.454–485.

Keen, Michael, J., Kotsogiannis, Christos, "Leviathan and Capital Tax Competition in Federations", *Journal of Public Economic Theory*, 5 (2), 2003, pp.177–199.

Kelejian, H. H., and I. R. Prucha, "A Generalized Spatial Two-stage Least Squares Procedure for Estimating a Spatial Autoregressive Model With Autoregressive Disturbances", *Journal of Real Estate Finance and Economics*, Vol.17, 1998, pp.99–121.

Kornai, Janos, "The Soft Budget Constraint", Kyklos, 39 (1), 1986, pp. 3–30.

Kornai, Maskin, and Roland, "Understanding the Soft Budget Constraint",

Journal of Economic Literature, Vol. 41, No. 4, 2003, pp.1095–1136.

Lin, Justin Yifu; Cai, Fang and Li, Zhou, "Competition, Policy Burdens, and State Owned Enterprise Reform", *American Economic Review*, 88 (2), 1998, pp. 422–427.

Lin, J. Y., and G. Tan, "Policy Burdens, Accountability and Soft Budget Constraint", *American Economic Review*, Vol. 89, 1999.

Musgrave, R. A., *The Theory of Public Finance*. New York: McGraw–Hill, 1959.

Musgrave, Richard, A., *Fiscal Systems*, Yale University Press, 1969.

Mutsumi Matsumoto, "A Note on the Composition of Public Expenditure Under Capital Tax Competition", *International Tax and Public Finance*, Vol. 7, 2000, pp.691–697.

Oates, W.E., *Fiscal Federalism*. New York: Harcourt Brace Jovanovich, 1972.

Oates, W. E., "An Essay on Fiscal Federalism", *Journal of Economic Literature*, Vol.37, No.3, Sep.1999, pp. 1120–1149.

Oates, W.E., and Robert M. Schwab, "Economic Competition among Jurisdictions: Efficiency Enhancing or Distortion Inducing?", *Journal of Public Economics*, Vol.35, 1988, pp.333–354.

Oates, W.E., "Toward a Second–generation Theory of Fiscal Federalism", *International Tax and Public Finance*, 12 (4), 2005, pp.349–373.

Oates, W.E., "Fiscal and Regulatory Competition: Theory and Evidence", *Perspektiven der Wirtschaftspolitik*, 3 (4), 2002, pp.377–390.

OECD, "Linking Regions and Central Governments", *OECD*, 2007.

Patrick Bolton and Mathias Dewatripont, *Contract Theory*, Cambridge, MA: MIT Press, 2004.

Qian, Yingyi, and Gerard Roland, "Federalism and the Soft Budget

Constraint", *American Economic Review*, 88（5）, 1998, pp.1143–1162.

Qian Yingyi, and Barry R.Weingast, "Federalism as a Commitment to Preserving Market Incentives", *Journal of Economic Perspectives*, 11（4）, 1997, pp.83–92.

Rauch, J. E., "Bureaucracy, Infrastructure, and Economic Growth: Evidence from US Cities during the Progressive Era", *American Economic Review*, 85（4）, 1995, pp. 968–979.

Rauscher.Michael, "Leviathan and Competition among Jurisdictions: The Case of Benefit Taxation", *Journal of Urban Economics*, Vol. 44, Issue 1, 1998, pp. 59–67.

Rauscher.Michael, "Economic Growth and Tax –Competing Leviathans", *International Tax and Public Finance*, 12（4）, 2005, pp.457–474.

Romp W. and J. de Haan, "Public Capital and Economic Growth: a Critical Survey", *EIB Papers*, European Investment Bank, Luxemburg, Vol.10, No.1, 2005.

Roodman David, "A Note on the Theme of Too Many Instruments", *Center for Global Development Working Paper*, No. 125, 2007.

Rostow, W.W., *Politics and the Stage of Growth*, Cambridge University Press, 1971.

Schaffer, M.E., xtivreg2: Stata Module to Perform Extended IV/2SLS, GMM and AC/HAC, LIML and K–class Regression for Panel Data Models, http://ideas.repec.org/c/boc/bocode/s456501.html, 2007.

Straub, S. and C. Vellutini, "Assessment of the Effect of Infrastructure on Economic Growth in the East Asia and Pacific Region", *The World Bank*, Washington DC. 2006.

Tiebout, C., "A Pure Theory of Local Expenditures", *Journal of Political*

Economy, 64, 1956, pp.416–424.

Weingast, B.R, "The Economic Role of Political Institutions: Market – preserving Federalism and Economic Development", *Journal of Law, Economics and Organization*, 11 (1), 1995, pp.1–31.

Wilson, J. D., "Theories of Tax Competition", *National Tax Journal*, 52, 1999, pp.269–304.

Wilson, J.D. "A Theory of Interregional Tax Competition", *Journal of Urban Economics*, 19, 1986, pp.296–315.

Wilson, J.D. Gordon, R.H., "Expenditure Competition", *Journal of Public Economic Theory*, 5 (2), 2003, pp.399–417.

World Bank, *World Development Report 1996: From Plan to Market*, Oxford: Oxford University Press, 1996.

Wrede, M., "Vertical and Horizontal Tax Competition: Will Uncoordinated Leviathans End Up on the Wrong Side of the Laffer Curve?", *Finanzarchiv*, 53 (3/4), 1996, pp.461–479.

Zodrow George R. and Mieszkowski Peter, "Pigou, Tiebout, Property Taxation, and the Underprovision of Local Public Goods", *Journal of Urban Economics*, Vol.19, 1986, pp.356–370.

索　引

后 记

探索是一项辛苦而有趣的工作。呈现在您面前的本书跨时四年，并历经了从繁华都市上海到美丽泉城济南的空间转换。尽管此时此刻的认知可能有了一些变化，但我尽可能地保留了本书写作之时的所思所想，因为在科学的殿堂我仍然是一个少不更事、困惑满腹的孩子。

首先要感谢传授我经济学知识和研究方法的俞忠英教授、袁志刚教授、张军教授、韦森教授，是他们让我了解到经济学是一门充满哲学思辨和人文关怀的社会科学。或许是在两年多的博士后研究工作期间我才真正体味到什么是经济学，并享受到研究所带来的快乐。为此，要感谢孙立坚教授、殷醒民教授、姜波克教授、高帆老师、王永钦老师和博士后管理办公室的顾美娟老师，他们无微不至的关心让我铭记在心。我的思考、发现同样离不开同窗好友和同事的影响，他们是关凤利、赵大平、李文星、丁菊红、王弟海、张剑、李达、苑程浩等。

本书的一部分是我到山东大学工作后完成和修改的，这离不开经济学院和山东省公共经济与公共政策研究基地的领导、同事的关心与支持，尤其要向樊丽明教授、李齐云教授、李文教授和石绍宾老师表示真挚的谢意。常世旺老师、陈强老师等对这项研究表达了浓厚的兴趣，并对相关问题提出了真知灼见，相信这为我们未来的学术合作悄然打开了一扇门。

本书的某些部分经压缩和修改，已经发表在国内相关经济学研究期刊上。在此特别感谢王丽娜老师（《经济研究》）、杨洪艳老师（《经济学（季刊）》》和老牛编辑《财贸经济》》提供的无私帮助。

这项研究受到了博士后科学基金和国家社会科学基金青年项目的资助，但愿这份不甚成熟的研究成果能够具有良好的学术和社会应用价值！

最后，我要由衷地感谢我的家人，尤其是年近百岁的祖母，她为家庭、为子孙贡献甚多，而我却固执地贪图知识探索中的自我享受。将本书献给我的家人，特别是我即将出生的小宝贝和他（她）的妈妈——我的妻子卫丹，以表达我的内疚之情吧！

汤玉刚

于济南山东大学南山小区

2012 年 6 月 20 日